扶贫政策

执行的影响因素研究

——基于凉山彝族自治州的实证分析

阿海曲洛 ○ 著

西南财经大学出版社

中国·成都

图书在版编目(CIP)数据

扶贫政策执行的影响因素研究:基于凉山彝族自治州的实证分析/阿海
曲洛著.—成都:西南财经大学出版社,2023.2
ISBN 978-7-5504-5060-8

Ⅰ.①扶… Ⅱ.①阿… Ⅲ.①扶贫—经济政策—研究—凉山彝族自
治州 Ⅳ.①F127.712

中国版本图书馆 CIP 数据核字(2022)第 243752 号

扶贫政策执行的影响因素研究——基于凉山彝族自治州的实证分析
FUPIN ZHENGCE ZHIXING DE YINGXIANG YINSU YANJIU—JIYU LIANGSHAN YIZU ZIZHI ZHOU DE SHIZHENG FENXI
阿海曲洛 著

策划编辑:李玉斗
责任编辑:李 琼
责任校对:李思嘉
封面设计:墨创文化
责任印制:朱曼丽

出版发行	西南财经大学出版社(四川省成都市光华村街 55 号)
网 址	http://cbs.swufe.edu.cn
电子邮件	bookcj@swufe.edu.cn
邮政编码	610074
电 话	028-87353785
照 排	四川胜翔数码印务设计有限公司
印 刷	成都市火炬印务有限公司
成品尺寸	170mm×240mm
印 张	12
字 数	269 千字
版 次	2023 年 2 月第 1 版
印 次	2023 年 2 月第 1 次印刷
书 号	ISBN 978-7-5504-5060-8
定 价	78.00 元

献给凉山

凉山是个美丽的地方
是旅行者的天堂
怎么看怎么美
凉山也曾是个贫穷的地方
是老百姓的枷锁
怎么看怎么苦
现在的凉山是个幸运的地方
全面脱贫奔小康
充满了希望

前　言

　　贫困是人类社会发展过程中面临的巨大挑战，消除贫困是人类社会发展的共同目标。2020 年，我国已全面消除绝对贫困和区域性整体贫困。党的二十大报告强调："我们坚持精准扶贫、尽锐出战，打赢了人类历史上规模最大的脱贫攻坚战，全国八百三十二个贫困县全部摘帽，近一亿农村贫困人口实现脱贫，九百六十多万贫困人口实现易地搬迁，历史性地解决了绝对贫困问题，为全球减贫事业作出了重大贡献。"① 党的十八大以来，四川省委、省政府以习近平总书记关于扶贫开发战略的重要论述为统揽，认真贯彻落实中央扶贫开发决策部署，始终把脱贫攻坚作为最大的政治责任、最大的民生工程、最大的发展机遇来抓，举全省之力于 2020 年 11 月打赢了脱贫攻坚战。其间，全省 625 万建档立卡贫困人口全部脱贫、88 个贫困县全部摘帽、11 501 个贫困村全部退出，集中连片特困地区全面摆脱贫困，特别是聚力攻克了大小凉山彝区深度贫困堡垒。在巩固拓展脱贫攻坚成果与乡村振兴有效衔接的过渡时期，对已脱贫原深度贫困地区的扶贫政策及其成功的有效经验进行实证研究和经验总结，对我国更好地巩固拓展脱贫攻坚成果、与乡村振兴战略进行有效衔节具有重大的实践意义和理论研究价值。

　　本书尝试以四川省凉山彝族自治州（以下简称"凉山州"）的扶贫政策为切入点，分析影响我国扶贫政策执行成效的关键因素，对各因素的影

---

　　① 习近平. 高举中国特色社会主义伟大旗帜 为全面建设社会主义现代化国家而团结奋斗：在中国共产党第二十次全国代表大会上的报告［R］. 2022-10-16.

响路径进行实证分析和检验，剖析其内在机理及其对政策执行成效的叠加效应；在此基础上归纳提炼出我国在扶贫政策执行方面的成功经验。

凉山州兼具我国民族地区和原深度贫困地区的双重性质，以既有的政策执行理论框架（大多数为西方语境下构建）分析该地区的实践显得有点"水土不服"。故而，为了保障研究的现实适洽性和科学准确性，本书选择混合方法研究（mixed methods research，MMR）中适用于探索性研究的"质性—量化研究"来设计研究方法：首先通过质性研究的扎根理论方法对凉山州若干脱贫村进行研究，提取出具体影响扶贫政策执行的影响因素，结合政策网络理论、整体性治理理论和能力贫困理论这三大理论基础来剖析各影响因素之间的相互关系和影响政策执行的逻辑路径，并且在扎根结果的基础上提出关于影响路径的假设；其次对凉山州所有脱贫地区进行大范围问卷调研获取数据，通过量化的结构方程模型（structural equation model，SEM）对影响路径进行实证分析和验证，总结出各影响要素对凉山州扶贫政策执行的影响路径和机理；最后在此基础上总结出扶贫政策成功的有效经验。

本书遵循"导论—文献述评并提出问题—理论基础和关键概念界定—通过扎根理论发现影响要素并提出假设—以结构方程模型检验影响路径假设—优化的对策建议—研究结论和展望"的研究思路进行研究，主要研究结论如下：

第一，影响凉山州扶贫政策执行的因素主要有以下七个：扶贫政策内容的适当性、政策执行环境、政策资源利用效率、政策执行主体能力、政策执行对象行为、政策利益相关者行为和政策执行策略。

第二，这七个影响因素对扶贫政策执行的影响路径主要如下：扶贫政策内容不同的适当性会影响政策执行主体采取不同的政策执行策略（"门槛式"策略或"过度式"策略），进而影响政策对象和利益相关者做出不同的行为反应；政策执行环境、政策资源利用效率和政策执行主体能力对整个政策执行过程有着重要的调节影响作用。

第三，可通过以下四条路径优化扶贫政策执行的成效：在政策内容上，提升政策供给的一致性；在政策对象和利益相关者群体上，实现政策对象的持续赋权与赋能；在政策执行策略上，构建多元激励策略；在政策执行主体上，提升政策执行主体的网络治理能力。

本书在理论和实践上的创新和贡献主要有以下几点：在研究方法上，运用混合研究方法提高了研究的实践性、科学性和准确性；在既有研究维度上，拓展了对政策执行策略和利益相关者的观照；在研究视角上，分析了不同政策执行策略对政策对象和利益相关者的积极或消极影响，进而对扶贫政策执行成效也产生相应的影响。实践上，从政策内容、政策对象和利益相关者、政策执行策略和政策执行主体能力几个维度为提升扶贫政策执行成效提供了优化建议，对返贫风险治理和解决相对贫困问题也提供了一定的经验借鉴，为我国已脱贫地区高质量巩固拓展脱贫攻坚成果并与乡村振兴有效衔接提供了实践参考。

在本书的研究和撰写过程中，笔者参阅了大量中外文献，学习并借鉴了诸多中外学者的研究成果，在此一并致以诚挚的谢意！同时，由于水平和时间有限，书中难免存在一些不当或者疏漏之处，恳请学界同仁和广大读者批评指正。

阿海曲洛

2022 年 9 月 6 日

目　录

第一章 导论

扶贫开发工作是我国基层社会治理的重要战略部署，是我国国家治理体系和治理能力现代化的有机组成部分和重要基础。2020年，我国全面消除绝对贫困和区域性整体贫困，为全球减贫事业做出了重大贡献。西南民族地区是我国的资源富集区、水系源头区、生态屏障区、文化特色区，在该地区建立稳定化、常态化的可持续发展路径是实施乡村振兴战略、走向共同富裕的底线逻辑和重要基础。因此，对西南彝区如何有效脱贫、实现脱贫农户的可持续发展进行深入研究和经验总结，既有巩固拓展脱贫攻坚成果与乡村振兴有效衔节的重要现实意义，更有铸牢中华民族共同体意识、实现中华民族伟大复兴的重大政治意义。本书以我国西南已脱贫的原深度贫困地区——凉山彝族自治州（以下简称"凉山州"）为研究对象，旨在从政策执行的视角对提升扶贫政策成效的经验进行实践总结和理论研究。

第一节 选题背景与研究意义

一、选题背景

高尔基说："人类生活一切不幸的根源就是贫困。"[①] 贫困是世界性难题，伴随着人类社会的发展而产生，并且无法彻底消弭。它是一个历史

---

① 高尔基. 苏联游记［M］. 秦水，等译. 北京：人民文学出版社，1960.

的、空间的、相对的概念，其核心内涵在于"匮乏"①，并具有鲜明的阶段性历史特征，也因此造就不同时空的实践经验。1949 年新中国成立伊始，全中国处于极度贫困状态。从新中国成立到 1977 年，我国的经济基础得以巩固，GDP 从 1952 年的 679.1 亿元提高到 1977 年的 3 250 亿元，人均 GDP 从 1952 年的 119 元提高到 1977 年的 344 元②。1978 年，我国仍有 7.7 亿贫困人口，贫困发生率高达 97.5%③。党的十一届三中全会以来，中国的经济开始进入高速发展期，扶贫进程也随之加快。截至 2019 年年底，中国农村贫困人口从 2012 年的 9 899 万人减少至 551 万人，贫困发生率由 2012 年的 10.2% 下降至 2019 年的 0.6%④。2020 年 11 月，通过全省上下八年的艰苦奋斗，四川省 625 万建档立卡贫困人口全部脱贫、88 个贫困县全部摘帽、11 501 个贫困村全部退出，集中连片特困地区全面摆脱贫困，特别是聚力攻克大小凉山彝区深度贫困堡垒，与全国人民一道全面建成小康社会，兑现了向全省人民的庄严承诺。在这样的大背景下，本书选取了具有民族地区和脱贫地区双重特征的典型区域——凉山州作为研究对象。

凉山州位于四川省西南部，西跨横断山脉，东抵四川盆地，北至大渡河，南临金沙江，全州幅员 6.03 万平方千米，辖 17 个县市，有 14 个世居民族，2021 年年末户籍人口 538.25 万人，其中彝族人口 293.65 万人、占 54.56%，是全国最大的彝族聚居区。2013 年精准扶贫战略实施伊始，凉山州曾是全国"三区三州"原深度贫困地区之一，17 个县市中有 11 个民族聚居县为曾经的国家级深度贫困县，当年有建档立卡贫困人口共 97 万，2 072 个贫困村中贫困发生率在 20% 以上的有 1 350 个⑤，为典型的区域性整体深度贫困区域。一方面，和其他的贫困地区一样，凉山州存在交通闭

---

① 郭熙保. 论贫困概念的内涵 [J]. 山东社会科学，2005（12）：49-54，19.

② 中华人民共和国国家统计局. 国家数据 [EB/OL]. (2019-08-13) [2022-08-14]. http://data.stats.gov.cn/index.htm. 2019-8-13.

③ 国家统计局. 人民生活实现历史性跨越 阔步迈向全面小康：新中国成立 70 周年经济社会发展成就系列报告之十四 [EB/OL]. (2019-08-09) [2019-08-12]. http://www.stats.gov.cn/tjsj/zxfb/201908/t20190809_1690098.html.

④ 新华网. 2019 年全国农村贫困人口减少 1 109 万人 [EB/OL]. (2020-01-24) [2020-01-28]. http://www.xinhuanet.com/2020-01/24/c_1125498602.htm.

⑤ 数据来源：凉山州统计局.

塞、基础薄弱、经济落后、社会事业发展不足等共性难题；另一方面，凉山州具有自身的复杂性贫困成因，受两千多年奴隶制社会的禁锢，彝族先民为了避战乱、求生存，在大小凉山高二半山区、高寒山区迁徙繁衍、山地游耕，由于财富意识、商品意识、法治文明意识的缺失，生产力发展水平低下与社会发育进程滞后、物质贫困与精神贫乏等问题叠加交织，"多因一果"造成凉山州特殊的区域性"整体深度贫困"难题。发展到现代社会，凉山州的教育基础薄弱、毒品问题、艾滋病问题、超生多生问题成为阻碍当地脱贫攻坚的四大难题。由此可见，凉山州的脱贫攻坚工作在我国脱贫攻坚战中具有重要战略地位。2018年2月11日，习近平总书记走进凉山州昭觉县三河村和火普村，实地调研考察当地扶贫工作情况。在调研过程中，习近平总书记说："我一直牵挂着彝族群众……全面建成小康社会最艰巨最繁重的任务在贫困地区，特别是在深度贫困地区，无论这块硬骨头有多硬都必须啃下，无论这场攻坚战有多难打都必须打赢，全面小康路上不能忘记每一个民族、每一个家庭。"[1] 可见党中央对凉山地区脱贫攻坚工作的高度关注和重视。2020年11月17日，凉山州最后7个贫困县宣布脱贫摘帽，标志着四川的脱贫攻坚战取得全面胜利。凉山州脱贫攻坚的胜利集中体现了我国基层贫困治理取得的巨大成效。

2021年12月25日，习近平总书记在中央农村工作会议上强调："要持续推动同乡村振兴战略有机衔接，确保不发生规模性返贫，切实维护和巩固脱贫攻坚战的伟大成就。"[2] 当前，已脱贫民族地区尚存在低收入人口数量较多、致贫返贫风险因子的常态性和突发性存在、贫困群众内生动力尚未完全建立、已帮扶人群持续稳定增收基础还未夯实等问题，脱贫攻坚结束一段时间以内，极易出现返贫现象，阻碍脱贫攻坚成果的可持续性和长效性。如，2020年的统计数据显示，西南某省600多万已脱贫人口中，8.2万人存在返贫风险[3]。说明在原深度贫困地区，虽然绝对贫困消除了，

① 习近平春节前夕赴四川看望慰问各族干部群众 祝福全国各族人民新春吉祥 祝愿伟大祖国更加繁荣昌盛 [N]. 人民日报, 2018-02-14 (1).

② 中央农村工作会议在京召开：习近平对做好"三农"工作作出重要指示 [N]. 人民日报, 2021-12-27 (1).

③ 侯冲. 四川端出硬核举措筑牢返贫"防线" [N]. 四川日报, 2020-04-14 (10).

但要使脱贫人口稳定增收实现可持续性和长效性，仍面临较大压力，稳定增收任务依然艰巨。早在2019年4月16日，习近平总书记在解决"两不愁三保障"突出问题座谈会上就指出："脱贫既要看数量，更要看质量，不能到时候都说完成了脱贫任务，过一两年又大规模返贫。"为了更好地巩固拓展脱贫攻坚成果，防止脱贫地区出现返贫现象，2020年10月29日，党的十九届五中全会通过的《中共中央关于制定国民经济和社会发展第十四个五年规划和二〇三五年远景目标的建议》提出"健全防止返贫监测和帮扶机制"的要求。2020年12月18日，中央经济工作会议强调，"要巩固拓展脱贫攻坚成果，坚决防止发生规模性返贫现象"①。2021年中央一号文件明确提出，"帮扶攻坚目标任务完成后，对摆脱贫困的县，从帮扶之日起设立5年过渡期，做到扶上马送一程"②。2021年4月6日，国家乡村振兴局在新闻发布会上提出防止返贫的五大措施，进一步将防止返贫的政策具体化。2021年8月5日，中央农村工作领导小组印发了《关于健全防止返贫动态监测和帮扶机制的指导意见》，对防止返贫动态监测的监测对象、范围、帮扶政策和保障措施做了指导性部署。

因此，在这样的背景下，笔者选择以"扶贫政策执行"为主题展开研究。本书旨在考察民族地区在脱贫攻坚时期的扶贫政策执行情况，及时总结扶贫政策执行机制，为脱贫攻坚巩固拓展脱贫攻坚成果提供实践建议。为此，笔者深入凉山地区进行实地调研，运用扎根理论研究方法对民族地区基层的主要扶贫政策、影响政策执行的核心范畴、执行机制框架进行分析，据此总结基层提升扶贫政策执行成效的实践经验，为更好地实施乡村振兴战略打下牢固的基础。

---

① 中央经济工作会议在北京举行 习近平李克强作重要讲话 栗战书汪洋王沪宁赵乐际韩正出席会议 [N]．人民日报．2020-12-19（1）．

② 中华人民共和国中央人民政府网．中共中央 国务院关于全面推进乡村振兴加快农业农村现代化的意见 [EB/OL]．（2021-02-21）[2022-08-14]．www．gov．cn/zhengce/2021-02-21/content_ 5588098.

二、研究意义

（一）理论意义

（1）在政策执行研究方面，本书有助于探索符合我国实际情况的基层政策执行的影响要素框架。当前我国政策执行研究的现状是：国内学者开始致力于构建具有中国特色的政策执行分析框架，且大都以国外既有的政策执行模型为研究基础。国外的既有影响要素和研究成果虽然已经成型且比较成熟，但未必适用于中国的现实情况和解释中国问题。因此，我国学者在政策执行领域开始尝试进行具有本土特色的研究探索，在该过程中，多元化的研究方法和研究视角被引入研究过程中，逐渐丰富了中国化的政策执行研究进程和成果。

（2）在扶贫研究方面，有助于深入挖掘影响我国扶贫政策执行的影响要素及影响机理。我国扶贫政策执行影响因素研究中存在以下问题：第一，既有研究主要集中于从制度、组织等执行主体之间的互动来探讨其对扶贫政策执行的影响，很少关注政策对象群体，忽视了政策对象行为在提升政策执行效果中发挥的重要作用。第二，缺乏对政策执行方式的探讨，在我国基层社会治理的实践中，政策执行方式对促进或阻碍政策执行具有非常重要的影响，而政策执行方式也是直接联系政策执行者和政策对象的手段，而国内的影响因素研究却对政策执行方式关注甚少。实际上，政策执行方式对政策对象的态度和策略、政策内容的落实、利益相关者的态度和策略都会产生重要影响，因此是一个应当重点分析的关键环节。第三，缺乏对组织横向各部门之间关系的探讨，因此从这个角度上来看我国的政策执行研究缺乏对政策网络和治理关系的关注，在执行研究上比起西方的研究成果来说是相对不足的。本书在既有研究的基础上，对多维视角下的多元影响路径进行了理论分析和实践论证，致力于通过实证研究挖掘和拓展我国基层扶贫政策执行的影响要素。

（3）在研究方法上，本书做了较新的尝试和拓展。为了契合现有政策执行对后实证主义①研究范式的追求，本书以扎根理论为研究方法对凉山

---

① 后实证主义，英文名为 postpositivism，又称后经验主义。

州的扶贫政策执行实践进行实证研究，力图挖掘出符合我国已脱贫民族地区实际情况的扶贫政策执行影响因素，并以结构方程模型对这些影响因素的影响路径和机理进行进一步的实证论证。

（二）实践意义

（1）为基层更好地巩固拓展脱贫攻坚成果提供优化建议。凉山州的脱贫攻坚工作受到中央极大重视，也赢得了巨大胜利。在过渡时期应重视对返贫风险进行监测，更好地巩固拓展脱贫攻坚成果。笔者通过对凉山州进行实地调研和考察，因地制宜地探索凉山州脱贫的因素，从而提出优化政策执行成效的策略，帮助基层更好巩固拓展脱贫攻坚成果，为乡村振兴战略的实施打好基础。

（2）有助于总结我国民族地区的基层治理经验。凉山州具有我国民族地区和基层治理的双重属性，对该地区的深入调研和科学研究有助于为我国民族地区政策执行的实践以及农村基层政策执行的实践提供双重经验借鉴。对凉山地区的基层治理工作进行实践总结和理论提升对于我国经济发展、社会稳定和中华民族共同体建设，都具有重要的实践意义。

第二节　研究思路与研究内容

一、研究思路

本书遵循"导论—文献述评并提出问题—理论基础和概念界定—通过扎根发现影响因素并提出研究假设—实证分析影响路径并验证假设—提出对策建议—研究结论和未来展望"的思路，采用质性分析与量化分析相结合的混合方法研究设计研究思路，为扶贫政策执行的有效性提供实证经验和理论支持。本书的基本研究思路和技术路线整合如图 1-1 所示。

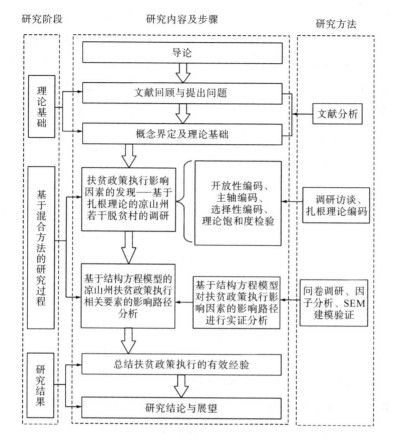

研究阶段　　　　研究内容及步骤　　　　研究方法

理论基础

基于混合方法的研究过程

研究结果

导论

文献回顾与提出问题

概念界定及理论基础

扶贫政策执行影响因素的发现——基于扎根理论的凉山州若干脱贫村的调研

开放性编码、主轴编码、选择性编码、理论饱和度检验

基于结构方程模型的凉山州扶贫政策执行相关要素的影响路径分析

基于结构方程模型对扶贫政策执行影响因素的影响路径进行实证分析

总结扶贫政策执行的有效经验

研究结论与展望

文献分析

调研访谈、扎根理论编码

问卷调研、因子分析、SEM建模验证

图 1-1　研究思路和技术路线

二、研究内容

本书首先根据扶贫和政策执行研究相关的文献述评，界定关键概念、阐明基础理论，然后对政策执行影响因素的既有研究成果进行述评和分析，作为运用扎根理论构建影响因素分析框架的前提。其次，通过对凉山州的实地调研和访谈、运用扎根理论的研究方法挖掘影响凉山州扶贫政策执行的影响因素，在此基础上结合理论基础对各因素的影响路径提出研究假设，对凉山州选取足够的样本量进行问卷调研，以结构方程模型研究方法对各影响因素是如何影响扶贫政策执行的进行实证检验，从而对研究假设进行验证。最后，提出基层扶贫政策执行的有效经验。本书将从以下七

个部分展开研究：

第一章主要对本书的选题背景和研究意义进行简要概述，然后对研究思路与研究内容进行综述，详细描述选择"质性—量化顺序"的混合方法研究的理由和具体操作，并对研究的创新与不足进行分析和阐述。

第二章主要对国内外相关研究进行总结和述评，根据文献综述的结论，提出扶贫政策执行影响因素既有研究成果中传统因素的不足，并在此基础上提出本书的研究主题。

第三章阐明研究所依据的基础理论——政策网络理论、整体性治理理论、能力贫困理论，对政策执行、扶贫政策、扶贫政策执行影响因素这些关键概念进行界定，为第四章分析影响因素和影响路径打下基础。

第四章主要是对凉山州的若干脱贫村进行深度调研，以扎根理论为质性研究方法，通过对凉山州具有代表性的若干已脱贫村进行实地调研和深度访谈，挖掘出影响当地扶贫政策执行的因素。本章首先对扎根理论研究方法、研究流程及选择理由做详细介绍；其次，对扎根理论在本书中的具体运用进行分析，主要包括总体思路、研究对象选择和主要步骤；再次通过开放性编码、主轴编码、选择性编码提出七大核心要素；最后，通过理论抽样和理论饱和度检验确定这些要素达到理论饱和，并结合三大理论基础和访谈原始材料提出影响路径的研究假设。

第五章以实证研究方法（结构方程模型）对第四章提出的研究假设进行验证并评价。主要内容包括设计问卷量表，以凉山州全州共17个县市的脱贫村作为调研范围，抽样并发放调研问卷。将收集上来的问卷进行探索性因子分析（EFA）、验证性因子分析（CFA）和结构方程模型（SEM）检验，对第四章提出的研究假设以及各要素的影响逻辑路径进行实证验证和分析。

第六章在第五章实证研究的基础上，对凉山州基层扶贫政策执行的有效性经验进行总结。

第七章为研究结论与展望。

第三节 研究方法

一、混合方法研究的设计

凉山州的政策执行情况兼具我国民族地区治理和基层社会治理的双重属性。现有的政策执行影响因素分析大多基于国外的研究成果，对我国民族基层地区的适用性和解释力不足；因此本书在既有的理论基础上挖掘符合我国本土实际情况的影响因素并对其影响路径进行实证分析，为凉山州扶贫政策执行的有效经验进行总结。

基于以上考量，本研究被定位为一种探索性研究——前一阶段对研究问题和相关变量进行探索，后一阶段则对相关变量的路径机理进行实证分析并验证其一般性。这种对探索性发现进行一般化验证的研究正好适用混合方法研究（约翰·W. 克雷斯维尔，薇姬·L. 查克，2017）。因此本书采取混合方法研究进行研究方法设计。混合方法研究是"研究者结合定性研究与定量研究的要素（比如定性与定量研究的视角、资料搜集和分析的方法与步骤、推论的技术），增加有关研究问题的证据，从而拓宽、加深研究者理解的一种研究"（Johnson R. B. et al.，2007）。混合方法研究中的质性—量化顺序（qual→quan）是混合方法研究中适用于探索性研究的一种类型（刘冬，2019）。该研究分为"质性研究与量化研究两个阶段，量化研究对质性研究阶段形成的个案型结论进行群体型分析……主要适用于研究工具（问卷、量表等）不具备以及研究变量、理论框架等不明确，所以先用质性研究对某一现象进行探索"[①] 的研究。质性—量化顺序混合方法设计如图 1-2 所示。

---

① 刘冬. 质性、量化方法论融合对社会工作的意义 [J]. 哈尔滨工业大学学报（社会科学版），2019，21（4）：72-78.

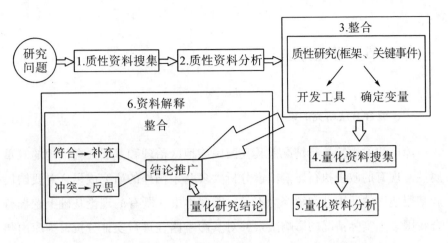

图 1-2　混合方法研究质性—量化顺序设计的主要流程①

　　基于上述考量，本书运用先质性方法确定研究变量——探索凉山州扶贫政策执行的影响要素和影响路径，然后用量化方法对影响要素及影响路径进行实证检验的研究顺序进行。从具体的方法选择来看，本书选择了质性研究中最为典型的扎根理论研究方法和量化研究中的结构方程模型。根据凯西·卡麦兹（2009）的观点，在扎根理论的研究中，质性数据应尽可能量化，实现质性研究方式和定量研究方式的结合，通过这种相互结合以弥补对方的弱势。这为本书选取扎根理论又提供了一种理论依据。这种质性—量化顺序的研究方法设计可以尽可能保证研究中模型来源的准确性，使整个研究过程尽可能完整和规范。

二、混合方法研究的操作

　　第一，文献分析法。该方法是通过大量、广泛的文献搜集，以核心文献为纲，以高水准文献的核心观点为骨，对国内外既有研究成果进行梳理和分析，从中解析出本次研究的理论支撑，并从中发掘研究问题，使整个研究建立在既有研究成果和扎实的理论基础之上。

　　第二，深度访谈法。深度访谈法是扎根研究中最常用也是最关键的研

　　① 李刚，王红蕾. 混合方法研究的方法论与实践尝试：共识、争议与反思 [J]. 华东师范大学学报（教育科学版），2016，34（4）：98-105，121.

究方法，好的深度访谈可以为扎根研究提供进一步挖掘的方向。本书采取结构访谈法和非结构访谈法相结合的方式进行研究，主要方式如下：访谈前根据文献分析的结果设计好访谈提纲，以访谈提纲为导向，从开放性问题开始提问，随着访谈的深入，通过对被访谈者表情、语气、用语用词的观察，敏锐捕捉谈话要点，从中挖掘到真实、有价值的信息，最终获得访谈对象对研究问题的深度认知和真实感受。在通过深度访谈和资料收集获得第一手原始资料的同时，还要撰写备忘录，为下一步实施编码提供逻辑思路。

第三，文本分析法。文本分析法指的是对实地调研获得的录音、照片、文本资料、政策文件、备忘录等原始资料进行整理、归类、分析和编码。首先要将这些原始材料整理成文本数据，将其作为质性研究和编码的基础材料；然后借助 Nvivo 软件对原始材料进行编码，使原始文本材料从初始概念化到核心范畴化，最终形成影响要素。

第四，问卷调查法。本书以扎根理论研究探索发现影响因素的过程为基础，提出相应的影响路径假设，设计调研问卷量表，对凉山州从事基层扶贫工作的干部和相关工作人员进行问卷调查，收集数据，尽可能真实地反映整个凉山州扶贫政策执行的情况。

第五，定量分析法。以问卷收集到的数据为基础，借助 Spss 23、Amos 23.0、Mplus 等软件对收集到的问卷数据进行处理和分析，通过描述性统计进行数据基础分析，然后通过探索性因子分析、验证性因子分析和路径分析的结构方程模型来检验研究假设的科学性和准确性。

第四节　研究的创新与不足

一、研究的创新

（一）理论创新

本书在我国政策执行研究的研究内容、研究方法和研究成果上均有一定的拓展。

第一，拓展了我国政策科学领域政策执行分析框架。根据对既有文献的述评和比较，本书从政策执行主体、政策对象、政策内容、政策执行方式等维度对既有的影响因素做了补充。在既有的扶贫政策执行影响因素基础上，拓展了对扶贫政策执行策略和利益相关者这两大要素的关照，丰富了既有的影响因素分析维度。

第二，在研究方法上契合了第三代政策执行研究对混合方法研究（MMR）的追求。本书运用"质性—量化顺序"的混合方法研究设计，通过探索性研究透视扶贫政策执行的影响要素和影响路径。本书采用扎根理论的质性研究方法从实践调研中提取出七个维度的影响因素，结合三大理论基础对影响路径进行剖析，进而提出研究假设，然后运用结构方程模型的量化研究方法对影响路径进行实证分析，并对研究假设进行量化验证，在方法论上契合了第三代政策执行研究对后实证主义研究范式和混合方法研究的追求，使研究结论更具科学性和准确性。

（二）应用创新

第一，通过实证研究，本书从扶贫政策内容的适当性、政策执行策略、政策执行环境、政策资源、政策对象、利益相关者、政策执行主体这七个维度发现并得出影响扶贫政策执行的积极要素和消极要素。具体地，在基层的政策执行过程当中，受这七类要素的影响，政策执行者会采取不同的执行策略，而不同的执行策略会对政策对象和利益相关者产生积极促进或者消极制约的影响，从而影响最终政策执行效果的实现；在整个过程中，政策执行环境因素、政策资源因素和政策执行主体能力因素起着情景条件和干预条件的调节作用，对政策执行过程产生重要影响。

第二，研究发现不同的政策执行策略会对政策对象采取的行为策略产生影响，继而影响政策执行效果。本书基于扎根理论研究提出的"门槛式"政策执行策略对于激发政策对象的内生动力、促进利益相关者积极寻找发展机会具有促进作用，同时还能缓和利益相关者的不公平感；反之，不当的政策执行方式则会助长"等懒靠"的思想和风气，无助于提高政策对象的政策满意度，并且会增强利益相关者的不公平感，影响脱贫成效的长效性和可持续性。该研究结论为我国基层的政策执行者提供了实践建议：采取恰当的政策执行策略对于政策执行中对象群体矛盾的化解和高效率实现政策执行效果都非常重要，有条件的"门槛式"政策执行方式是激发政策对象内生动力的有效方式，在工作中应尽量避免"过度式"执行政策，以防"等懒靠"思想的形成。

第三，本书总结了影响扶贫政策执行的积极要素和消极要素，为基层扶贫政策实践提供了经验借鉴。基层政策执行者在预防贫困和解决相对贫困问题的实践中，也应重视政策执行的方式和方法，使脱贫地区实现可持续性的高质量发展。

二、研究的不足

从总体上来看，本书对研究初期提出的问题进行了回应和解释，但仍存在以下不足之处：

第一，在扎根理论研究过程中，由于调研对象具有民族地域和乡村场域的双重特征，加之致贫返贫风险因素的复合性、多元性和复杂性，在编码过程中难免出现不够精准的情况。笔者已在编码过程中尽可能保持客观中立的科学态度，将所有语句和事件进行编码归类，减少观点遗漏，并反复进行理论抽样，确保最终理论实现饱和。

第二，在结构方程模型的实证检验中，笔者发现利益相关者的消极行为对政策执行效果影响不显著。由于此次调研处于已脱贫之后的过渡时期，受政策执行阶段的影响，脱贫攻坚结束之后对乡村整体环境和硬件条件的改善逐步显现，利益相关者的消极行为和情绪也随之得到缓和，因此该群体对政策执行效果的消极影响程度也随之降低。笔者未来将对该研究领域中对利益相关者行为进行进一步的深化和细化研究，进一步探索利益相关者消极行为在政策执行中的相关性和影响。

第二章 文献述评与问题提出

本章将从研究视角、理论成果、理论模型和影响因素角度对国内外政策执行相关研究进行综述，对国内外扶贫政策执行相关研究中的影响因素进行综述，为本书提出研究问题、运用研究方法寻找文献支撑。国外政策执行理论从20世纪70年代发展到现在，已经经历了40余年的历史了，而我国学界对政策执行进行研究主要集中在近20年。国内的研究着眼于引入西方关于政策执行的理论和模型解释本土实践，已获得了不少的研究成果。政策科学根源于西方，成长于西方，政策执行理论及模型被引入我国时已经相对成熟，形成了一套相对完整的政策执行理论体系和脉络，而扶贫是一个极具我国本土化特征的研究议题，因此本书在进行文献综述时，将从这两个方面对国内外相关研究进行查阅和述评。

第一节 政策执行相关研究

一、政策执行研究的理论视角与核心观点

从政策执行研究的发展阶段来看，戈金（M. I. Goggin，1990）把公共政策执行研究划分为自上而下的研究、自下而上的研究和整合研究三个阶段。诸多国内外学者都在戈金的三阶段框架下探讨政策执行理论、模式、研究途径和研究方法的沿革和变迁。我国学者以三个阶段框架为出发点，挖掘出更深层次的逻辑内涵，对政策执行阶段划分和用理论演化的内在关系做了有力解释和说明。定明捷（2008）从组织理论视角、网络理论

视角、制度分析视角和阐释性研究视角对政策执行理论的演进路径进行阐述，虽然定明捷在文章中将这些视角下的政策执行理论和模型都阐述得很清晰，但这种分类方式尚缺乏内在逻辑支撑，无法深化其他解释。涂锋提出："执行研究的发展并非仅仅是一种'范式转变'，研究者们并非在任意地选择其分析路径。相反，执行理论的发展变化存在一个较为合理的内在逻辑。这表现为一种在方法论层面的共同尝试，即围绕着'结构—行动者'方法论的分歧与整合，逐步完善其理论建构。"① 与涂锋一样从结构—行动者视角出发，并构建政策执行理论模型的学者还有丁煌、龚虹波等人，由此可见"结构—行为者"的分析视角在我国政策执行研究中已经占有一席之位。涂锋的解释路径是比较有说服力且逻辑清晰的。他认为，"结构"视角更加强调约束性的客观因素的作用，"行动者"视角则认为"社会现象或事件主要是通过行动者的意图和行为来加以解释"②。这两个方法论倾向有时也被称作方法论上的个体主义与整体主义。综上，本书从结构视角、行动者视角和整合视角对国内外既有的政策执行相关研究进行综述。

（一）结构视角的政策执行研究

结构视角的政策执行研究是从政策执行的过程和整体上来观察现象和问题的研究视角。其政策执行的研究基点在于"解释为什么政策过程出现或没有出现成功的结果……政策执行研究的（价值）目的是怎样使中央政府制定的政策得到更好的落实"③。结构视角的研究主要有以下观点和成果：

1. 关注政策执行的过程和政策制定者

政策执行研究的产生原因就在于大家关注政策制定而忽视了政策执行。1973 年，杰弗里·普雷斯曼和艾伦·怀尔德夫斯基（Pressman and

---

① 涂锋. 从执行研究到治理的发展：方法论视角 [J]. 公共管理学报，2009，6（3）：111-120，128.

② 涂锋. 从执行研究到治理的发展：方法论视角 [J]. 公共管理学报，2009，6（3）：111-120，128.

③ 曹堂哲. 政策执行研究三十年回顾：缘起、线索、途径和模型 [J]. 云南行政学院学报，2005（3）：48-52.

Wildavsky, 1973) 作为政策执行研究的奠基人, 为政策执行奠定了一个研究基础。他们认为, 如果行动的成功与否取决于执行链条上的各个节点, 那么这些节点对于组织机构间的合作程度有着非常重要的作用, 否则就将差之毫厘失之千里。有学者 (迈克·希尔, 彼特·休普, 2011) 认为杰弗里和艾伦建构了"执行不足" (implementation deficit) 这个概念对政策执行环节进行专门分析。他们的研究在某种程度上来讲, 是对威尔逊的政治与行政二分的回归和响应。按照这样的途径, 政策过程被看成是一条指挥链, 政策制定者和执行者之间的关系是命令式的, 执行者的人格和意识被忽略不计 (陈庆云, 2011)。这种研究途径把政策执行视作一种线性的过程, 其研究致力于寻找其中的"关键节点", 即关键因素变量, 从而控制执行过程以使政策得到实施。纳尔德·范米特和卡尔·范霍恩 (Donald Van Meter and Carl Van Horn, 1975) 在组织理论、公共政策影响和政府间关系的研究基础上, 对普雷斯曼和怀尔德夫斯基所提供的研究方法做了进一步的推进, 建构了包括六种变量的动态执行过程分析模型。他们依据执行的难度对政策进行分类, 并假定"当政策只需要作很小变化而目标共识程度很高的时候, 执行将最为成功"①。我国学者刘斌 (1989) 对政策执行的原则进行了系统性阐述; 王维 (1998) 以史密斯的政策执行过程模型为分析框架, 对中国住房政策执行的障碍性因素进行了分析; 吴开明以管理学的控制阶段为视角, 提出"政策执行控制"的概念, 他认为政策执行控制是"在政策执行过程中, 为了保证政策目标实现而不致发生偏差, 由控制主体对政策执行进行的确定执行标准、衡量执行情况、纠正执行偏差的动态的、循环的过程"②。

2. 结构视角对组织 (结构) 的关注大于对人 (个体行为) 的关注

政策执行研究兴起之初, 早期的政策执行研究都在"试图强化长期以来组织理论的思路在公共行政研究中对政策过程的执行环节的关注"③。大

---

① METER V D, HORN V C E. The policy implementation process: A conceptual framework [J]. Administration and Society, 1975, 6 (4): 445-88.

② 吴开明. 政策执行控制及其形成机理模型 [J]. 求索, 2008 (8): 66-68, 62.

③ HILL M. The sociology of public administration [M]. London: Weidenteld and Nicolson, 1972.

概也是这个原因，结构视角下的政策执行研究"受到古典行政模式的深刻影响"[①]。古典行政模式具有官僚层级体系、政治与行政分离、效率至上三个特点，在官僚制这种等级受到严格规定、层级严密的制度下，行政人员也被非人格化，认为其只是机械地执行政策而没有自己的认知和偏好。因此学者们认为政策执行过程中的影响因素都是可控的，萨巴蒂尔和马兹曼尼恩（Paul Sabatier and Daniel Mazmanian）提出识别"可导致困难因素"和"可控制因素"，认为这两者之间的相互作用对执行的结果可能会产生关键影响。我国学者霍海燕（2002）从优化政策执行体制的角度来谈如何提升政策执行的有效性。这些研究的共同特征在于从结构性视角对政策执行给予关照，忽略了在政策执行中"人"的作用，因而研究结构都比较偏向于宏观性、系统性，缺乏微观性和实践性。

3. 在研究方法上，偏重采用个案研究和定性研究方法

个案和定性研究很难产生具有普遍性和一般性的研究结论。杰弗里·普雷斯曼和艾伦·怀尔德夫斯基（Pressman and Wildavsky，1973）从奥克兰计划失败的教训中发现了政策制定和政策执行之间的鸿沟，这为后来的学者奠定了政策执行研究中研究方法、研究途径和研究视角的基调。国内也有很多从个案出发进行定性研究的结构视角研究成果，齐杏发（2007）通过对南方某党工委履职案例的微观分析来研究我国政策执行的内部运行机制；杨爱平（2007）以X省"山区开发"为案例，对我国政策执行中的"逆向软预算约束"现象进行了剖析；张永宏（2009）以L镇农民工保护个案为案例，从组织间关系出发研究政策执行差距。

由此可见，结构视角下的政策执行研究都比较偏宏观性、系统性和整体性，对政策执行的研究主要聚焦于执行过程以及对制度的定性描述研究。

（二）行动者视角的政策执行研究

行动者视角是重视政策执行中基层执行者及其互动行为的研究视角。政策执行的行动者研究视角发端于迈克尔·利普斯基（Michael Lipsky）

---

① 陈庆云. 公共政策分析 [M]. 2 版. 北京：北京大学出版社，2011：154.

1980 年所著的《街头官僚：公共服务中的个体困境》（*Street-level Bureaucracy*：*Dilemmas of the Individual in Public Services*）一书。该书首次提出"街头官僚"的概念，将政策执行研究的视角转向了基层行动者，成为行动者研究视角的代表作。行动者视角的政策质性研究主要有以下观点和成果：

1. 重视基层官员的作用

行动者研究视角强调从基层官员和个人视角出发来看待政策执行问题，将基层官员和行动者看作政策执行和政策创新的重要因素。利普斯基（Michael Lipsky，1971）认为："街头官僚所做的决定、所依据的办事程序、所创造的应对不确定性和工作压力的方法，都有效地贯彻了公共政策"①。他在执行研究中强调基层官员的决定性作用，并且认为结构研究视角带有偏见，无法解决执行的真正问题，认为"街头官僚"拥有巨大的行政裁量权和绝对的信息优势，并直接实施政策执行工作，对政策执行拥有巨大的影响力（迈克·希尔，彼特·休普，2011）。尤金·巴达奇（Eugene Bardach，1998）认为从事技术性工作的基层官员在执行中具有重要作用。我国学者金太军和钱再见（2002）认为政策执行过程中普遍存在"中梗阻"现象，这些现象大都可以从政策执行主体上找到原因，影响政策主体的深层次社会原因包括政策社会化机制乏力、成本收益预期失衡、责任追究制度缺损等。冯希莹等（2008）对抚顺市某区进行调研，对"人情低保"与低保政策执行过程进行研究，发现"低保政策微效"产生的深层原因主要在于，申请者对于"额外福利"的追求、非正式规则的介入、具体工作人员裁量权的非正式应用。刘晶（2011）对政策执行模式中的对话性转向进行研究，探讨官民互赖性的合作关系，她提出基层政策执行人员与政策受众公民应分别扮演职业化公民角色与负责的公民角色，要更有效地执行政策就应当培养其公民素质和能力。综上，行动者视角下的政策执行研究注重从政策执行者和基层官员/工作人员的视角来分析政策执行过程中出现的问题。

---

① LIPSKY M. Street-level Bureaucracy：Dilemmas of the individual in public services［M］. New York：Russell Sage Foundation，1971.

2. 政策执行是多组织或个人之间互动的过程和结果

行动者研究视角重视行动者之间的互动和谈判，认为政策执行过程是不同行动者表达自己意志、提出建议的过程，是行动者之间相互谈判和妥协的结果，通过组织间和个人间的互动形成的执行结构是影响政策执行有效性的重要因素（曹堂哲，2005）。苏珊·巴雷特和科林·富奇（Susan Barrett and Colin Fudge）认为政策执行的结构视角存在一种把政策—行动关系非政治化的趋势，"政策不能被视为一个持续不变的恒量，政策会被执行者调试，因为他们对政策环境的理解有可能不同政策制定者相异。政策执行者要根据自己所认识的政策环境在执行政策时相机进退，并且不可避免地要根据其理解对政策进行解释和修改，甚至在某些情况下对政策作颠覆性的变动"[①]。这段论述可以清晰地表现出他们对政策执行行动者及其互动、调试行为的关注，认为政策执行者在政策执行中起着关键的重要作用。常健和翟秋阳（2007）从地方政府本身及政府部门之间的关系和冲突视角来探讨执行机构对政策执行的影响。姚华（2007）以 S 市 2003 年市级居委会直选政策的制定过程为个案来分析政策执行与权力关系的重构，进而得出"政策执行过程，既是一个连续不断的互动过程、一个行动者的决策过程，同时也是一个权力关系重构的过程"[②] 的结论。李伟权和黄扬（2019）对社区家庭医生政策执行进行案例分析，对其中的"街头官僚"的刻板印象进行研究，指出"街头官僚"的刻板印象会造成政策执行梗阻。这部分研究者都主要从政策执行主体（组织或个体）的视角来研究政策执行过程中出现的问题并探寻政策执行目标未能实现的深层次缘由。

3. 在研究方法上，行动者视角的政策质性研究提倡实证研究方法

行动者视角的政策执行研究主要分析执行主体是如何执行公共政策并影响政策目标的，多用利益分析法、博弈理论等定量研究方法。尤金·巴达奇（Eugene Bardach，1977）将博弈论的研究方法引入政策执行研究中，

---

① BARRETT S M, FUDGE C. Reconstruction the field of analysis', in S. M. Barrett and C. Fudge（eds）, Policy and Action：Essays on the Implementation of Public Policy ［M］. London：Methuen, 1981.

② 姚华. 政策执行与权力关系重构 以 S 市 2003 年市级居委会直选政策的制订过程为个案 ［J］. 社会, 2007（6）：127-153, 208-209.

他认为执行的过程是一个博弈的过程。国内也有很多学者用实证研究的方式来进行政策执行研究。傅广宛（2003）用多变量的非线性特征来研究政策执行过程，提出政策执行具有滞后特征、共振特征、临界慢化特征和多值响应特征，将定量分析运用于政策执行分析。丁煌和定明捷（2004）用博弈理论来分析"上有政策，下有对策"的现象，并用案例分析的方法来进行具体研究，从制度层面对如何解决"上有政策，下有对策"问题给出了对策建议。谭秋成（2008）从经济学的角度，对农村政策在执行中容易走样的原因进行了分析。这些研究都重视以实证的研究方式从行动者角度对政策执行进行研究，因此其研究结果也更具说服力和实践性。

行动者视角的研究虽然弥补了结构视角研究成果在实践性和微观性方面的缺失，但是不管是结构视角还是行动者视角，都没有冲破对政策执行进行线性研究的藩篱。政策执行是一个复杂的、充满各种互动的过程，其间也充满了各种非线性关系，采用简单的线性研究途径，容易因视角过于宏观或者过于微观而忽略关键因素。因此，将前两个视角进行整合的研究视角悄然浮现。

（三）整合视角的政策执行研究

随着政策执行研究的扩展和深入，研究方法出现了多元化的倾向，政府工具、制度分析、治理理论、政策网络、理性选择、统计和计量的方法被广泛运用到执行研究中。整合视角的政策执行研究试图整合结构视角和行动者视角，从兼具系统性和实践性、宏观性和微观性的视角来分析政策执行过程。希尔将理查德·埃尔默（Richard Elmore）视为"第一个整合研究者"[1]，因为埃尔默是第一个倡导使用混合型研究方法的政策执行研究者。整合视角下的政策质性研究主要有以下观点和成果：

1. 提倡从以问题为导向的混合型研究视角来研究政策执行

整合视角的政策执行研究呈现出多元化、微观化、层次化的特点，其研究不再仅关注宏观层面的政策执行模型的构建，更多的是针对某一影响政策执行结果的要素，通过对次级因素进行挖掘、分析和研究进而得到具

---

[1] 希尔，休普. 执行公共政策：理论与实践中的治理 [M]. 黄健荣，等译. 北京：商务印书馆，2011：82.

有普遍性意义的研究结果和理论模型。鲁子问（2008）用质性研究的方式，对政策文本中的话语模式和表达方式进行分析，进而得出"民腔"在政策文本中的逐渐消亡对政策执行效果有着负面的影响的结论。宋雄伟（2016）用整合的研究途径，对协商民主中出现的政策梗阻问题进行了剖析。李松林（2015）提出政策场域的概念，以此来分析政策行动者之间的关系。叶良海和吴湘玲（2017）提出政策注意力的概念，认为政策注意力的争夺削弱了地方政府政策执行的效果，导致政策失效。袁明宝（2018）提出扶贫政策执行中的悬浮问题。在整合视角中，结构-行动者研究视角以实用主义为导向，其研究成果更加符合不同地区的实际情况。在这种研究视角下，我国的学者也取得了很多更加符合本土实际情况的政策执行概念、理论和模型。

2. 整合视角的研究强调组织各部门间或多元执行主体间（府际、主客体间等）的网络关系

整合视角研究可以让我们充分看到政策执行的复杂性与动态性，更加关注政策执行中的制度分析和治理的作用。马尔科姆·戈金（Malcolm Goggin，1990）等人提出了府际沟通模型，从政府间沟通和互动的角度来对执行进行研究。同样从府际关系出发研究政策执行的国内学者还有姚荣（2013）、王余生（2017）。这些研究者也从政府间关系的视角出发从不同角度用不同的研究方法对我国政策执行进行了研究。劳伦斯·奥图尔（Laurence O'Toole，1999）一直致力于"网络中的执行"的研究并构建了网络管理的模型。罗伯特·斯托克（Robert Stoker，1991）致力于探索政府间层级的关系，他提出"权威"和"交易"途径的研究方法，并且把治理作为权威和交易之外的第三个选择路径。克利金和科彭简认为"政策是大量参与者在互相依赖的网络中通过复杂的相互作用产生的"[1]。龚虹波（2008）对政策执行中的关系网络的影响进行了分析。白锐和吕跃（2019）从政策网络视角出发，从府际网络对医联体政策执行中出现的梗阻根源进行了深入分析。

---

① KLIJN E H, KOPPENJAN J F M. Public management and policy networks: Foundations of a network approach to governance [J]. Public management, 2000, 2 (2): 135-58.

3. 注意到政策类型对政策执行的影响作用

兰德尔·瑞利和格雷斯·富兰克林（Randall Ripley and Grace Franklin，2000）将政策类型分为分配性政策、规制性政策、保护性政策、再分配性政策，并对不同类型政策的执行及其影响因素进行了分析。理查德·马特兰德（Richard Matland，1995）也从类型学的角度出发，提出了一个分析不同类型政策的执行问题的框架，构建了"模糊—冲突"模型。博·罗斯坦试图将政策设计从政策执行中分离出来，他同样也强调"政策执行的最佳方法是依据要执行的政策的类型"①。我国学者也意识到政策类型对政策执行的影响，有学者认为"从社会利益调控的角度，可以将公共政策划分为分配性政策和约束性政策两类"②，并提出公共政策本身的属性对政策执行有着重要影响。在整合研究视角下，研究者们逐渐注意到了政策本身的类型及其属性对政策执行过程的影响，不同类型的政策需要不同的政策执行方式，以期获得不同的政策执行效果，因此对政策本身的研究也应运而生。

4. 在研究方法上，注重对混合式研究方法的运用

整合研究视角下的政策执行研究更具有实用主义倾向，强调对规范性研究和实证性研究的混合，并具有对后实证主义研究范式的追求趋势。这种趋势契合了政策执行研究中日益增加的问题导向逻辑。这种研究逻辑呈现出研究对象多元化、微观化特征，其研究成果不再是宏观的政策执行理论模型，而是开始重视通过对某一政策执行的影响因素进行深入挖掘，从而建构更加细化的次级要素模型。

总之，整合视角下政策执行领域的研究者们致力于从政策网络、府际关系，以及政策执行者和政策对象群体之间的谈判、互动和协商的途径来寻求政策执行问题的解决方案。伴随着全球"新公共治理"这一研究范式的提出，"新公共治理在全球范围内已经被视为 21 世纪公共服务管理的重

---

① BOTHSTEIN B. Just institutions matter: The moral and political logic of the University Welfare State [M]. Cambridge: Cambridge University Press，1998.

② 严荣，万懿. 公共政策执行的系统分析 [J]. 理论探讨，2001（4）：86-87.

要理论构想和实践指南"①,公共管理领域开始更多地关注多元主体、网络、合作等研究主题。政策执行领域研究主题向"协商对话"的转变在某种程度上无疑是受到了新公共治理的影响。

二、政策执行研究的分析模型与影响因素

（一）"控制型"的政策执行模型及影响因素

1. "控制型"的政策执行模型

"控制型"的政策执行模型的关注点在于对政策执行过程中每一个相关因素的可调整和可控性进行研究,研究者们致力于发掘执行过程中的可控因素以期对政策执行进行精确分析,其目的在于对政策执行这一"缺失的环节"实现"完美的执行"。因此"控制型"政策执行模型和影响因素都围绕着如何对政策执行过程进行精确控制。具有代表性的"控制型"政策执行模型比较多,经常被学者们谈及的有史密斯的政策执行过程模型、纳尔德·范米特和卡尔·范霍恩的政策执行系统模型、M. 麦克劳林的政策执行互适模型、马丁·雷恩和弗朗西·F. 拉宾诺维的政策执行循环模型、萨巴蒂尔和马兹曼尼安的政策执行综合模型。其中,史密斯是最早建构影响政策执行因素及其过程模型的学者（陈振明,2003）。

2. "控制型"的政策执行的影响因素

我国学者认为史密斯提出的政策执行过程中影响政策执行的因素有四个:一是理想化的政策,二是执行机构,三是目标群体（政策对象）,四是政策执行环境（陈振明,2003）。史密斯认为:"政策的形式、类型、渊源、范围及受支持度、社会对政策的印象;执行机关的结构与人员,主管领导的方式和技巧、执行的能力与信心;目标群体的组织或制度化程度、接受领导的情形以及先前的政策经验、文化、社会经济与政策环境的不同,凡此等等均是政策执行过程中影响其成败所需考虑和认定的因素。"②

---

① 奥斯本. 新公共治理?: 公共治理理论和实践方面的新观点 [M]. 包国宪, 等译. 北京: 科学出版社, 2016: 前言.

② SMITH T B. The policy implementation process [J]. Policy Sciences, 1973, 4 (2): 203-205.

纳尔德·范米特和卡尔·范霍恩提出了政策执行系统模型。在这个系统模型中，他们提出了六个影响变量："一是政策标准与目标，即基于对政策决定的总目标的细致考虑，为绩效评估提供具体和更加明确的标准；二是可获得的资源与激励手段；三是组织间关系的性质；四是执行机构的特征，包含组织控制的问题，而且也必定回到组织间问题；五是经济、社会与政治环境；六是执行人员的处置或回应，包含对政策的认知、对政策回应方向和回应的强度。"[①] 麦克劳林提出了政策执行互适模型，他认为政策执行组织和受影响者之间就目标手段相互调试的程度对政策执行是否有效有着决定性影响，主要包含以下几点："一是政策执行者与受影响者在利益上的互相调适；二是政策执行者的目标和方式可能受到环境或其他客观因素的影响；三是调适双方地位平等、双向交流，而不是单向的等级链；四是受影响者的利益需求和价值观可能会通过反馈而影响政策执行者的价值和行为。"[②] 马丁·雷恩和弗朗西·F. 拉宾诺维的政策执行循环模型将政策执行这一过程划分为"拟定纲领阶段、分配资源阶段、监督执行阶段"[③] 三个阶段，并认为政策执行的不同阶段对政策执行的有效性有着重要影响。陈振明（2003）提出了政策执行过程及因素模型，他认为影响政策执行有效性的因素可以归为政策本身的因素、政策问题的特性、政策以外的因素。其中，政策本身的因素包括政策的正确性、政策的具体明确性、政策资源的充足性、政策安排的执行机关与人员；政策问题的特性包括政策问题的性质、目标团体行为的多样性、目标团体人数、目标团体行为需要调适量；政策以外的因素包括目标团体的服从、执行人员的素质与工作态度、执行机关的特性、机关组织间的沟通与协调、政策监督、政策环境。

"控制型"政策执行模型追求尽可能将影响政策执行的变量因素控制在可控范围内，以期实现"完美的执行"。政策执行研究的奠基者普雷斯

---

① 希尔，休普. 执行公共政策：理论与实践中的治理 [M]. 黄健荣，等译. 北京：商务印书馆，2011：65-66.

② 陈振明. 政策科学：公共政策分析导论 [M]. 2版. 北京：中国人民大学出版社，2003：289.

③ 陈庆云. 公共政策分析 [M]. 2版. 北京：北京大学出版社，2011：174.

曼和怀尔德夫斯基认为政策执行成功与否关键在于执行链上的每一个节点，以及是否有完美的合作，因此他们提出"执行不足"的概念试图用来对执行进行精确的分析，他们认为政策具有明确的目标以及对阻碍目标实现的影响因素进行研究是政策执行研究的关键所在。范米特和范霍恩提出的六个影响因素变量基于以最小幅度进行调整以达成最大共识的考量，其实质仍然是注重对政策执行的控制。提出"控制博弈"的尤金·巴达奇认为执行的过程实际也是一个博弈的过程，通过"方案设计"和"控制博弈"这两种方式可以更好地执行政策。萨巴蒂尔和马兹曼尼斯提出的执行过程模型结构提到了三类影响执行过程的因素，他们认为要更好地执行政策，就应识别出导致困难和可控制的影响因素并进行相应的控制。霍格伍德和冈恩列出了一份详细的影响政策执行的因素清单，试图以此来实现完美的执行。但实践证明，过于关注控制政策执行的影响因素而忽略政策的灵活执行，会导致应付性执行如形式主义问题的发生。在"控制型"的政策执行理论模型中，研究者们从结构视角对政策执行给予关注并致力于对执行进行事前设计和控制，强调政策内容完善、政策目标明确和一致、对政策环境和政策资源的控制、对执行组织的控制，而忽略了对政策执行对象和基层执行者的关注，即对"人"的关注，"完美的执行"是不可能存在的。

（二）关注政策的执行者偏好的执行模型及影响因素

关注政策的执行者偏好的执行模型指的是以基层政策执行者为研究重点的政策执行模型。基层政策执行者们在官僚体系的压力下以及拥有大量的自由裁量权的情况下，其执行者偏好对政策执行有着非常重要的影响。该理论模型将研究重点从对政策执行过程的控制转向对基层官员行为的重视，从影响政策执行的客体因素转向主体因素。

1. 执行者偏好的政策执行模型

执行者偏好的政策执行模型以乔治·爱德华的政策执行模型为代表。该模型关注到了执行者偏好的影响，对执行者所拥有的自由裁量权进行了讨论。我国学者唐啸和胡鞍钢等人运用扎根理论从中央—省—市—县四级对我国环境政策进行调查研究，阐释中国环境治理领域中官员激励与政策执行之间的关系，最后得到政策执行的"激励—行为—产出"① 模型。杨宏山整合政策特性理论和激励机制理论，根据政策路径和激励机制两个自变量构建了"路径—激励"② 分析框架。这些模型的相似点在于都期望从政策执行者行为角度对政策执行的影响进行研究。

2. 关注执行者偏好的政策执行影响因素

乔治·爱德华的政策执行模型认为影响政策执行的因素主要为沟通、资源、执行者偏好和官僚组织结构。其中，命令的清晰性和一致性对沟通有着关键的影响作用；资源包括人员、信息、设备和权威；执行者偏好对政策执行的影响源于其自身具备的自由裁量权，因此政策执行人员对政策的支持程度、对执行人员的奖惩手段都很重要（陈庆云，2011）。巴雷特和富奇认为，组织内部不同部门或者相关人员之间所达成的妥协对政策执行目标的实现有着至关重要的影响（迈克·希尔，彼特·休普，2011）。杨宏山（2014）的"路径—激励"分析框架认为中央政府对地方政府实施政策提供的激励方式（正向/负向）会影响地方政府及当事官员的预期收益，并进一步影响政策执行结果。唐啸等（2016）的"激励—行为—产出"模型认为，对地方官员的正式或非正式激励会影响其行为意愿，进而影响政策产出，对政策执行的成效产生影响。由此可见，自由裁量权和激励方式是政策执行者偏好影响政策执行的重要原因。

根据迈克尔·利普斯基对"街头官僚"的研究，基层政策执行者这一群体具有两个特点：一是他们处于官僚系统的最底层，在官僚系统的压力之下开展工作；二是他们拥有相当大的自由裁量权，并呈现出分离性的特点。上级部门为了防止基层执行者失败而实施更强的控制，进而强化了来自上级的压力。而基层执行者为了在有限的政策资源内完成任务，就会想方设法地去应付，就会产生影响政策执行成效的空间。因此政策执行者的偏好主要是由其拥有的自由裁量权及所受到的激励决定的，在这两个因素的影响之下，执行者不同的偏好会对政策执行目标的达成产生关键影响，

---

① 唐啸，胡鞍钢，杭承政. 二元激励路径下中国环境政策执行：基于扎根理论的研究发现 [J]. 清华大学学报（哲学社会科学版），2016，31（3）：38-49，191.

② 杨宏山. 政策执行的路径激励分析框架：以住房保障政策为例 [J]. 政治学研究，2014（1）：78-92.

因此执行者偏好在政策执行中是一个非常重要的影响因素。

（三）关注政策网络和治理的执行模型及影响因素

关注政策网络和治理的执行模型不仅关注垂直方向的官僚体系因素，还关注政策执行横向部门间的沟通和协作。有一些学者开始从类型学的角度反思政策类型对执行的影响；还有一些学者受到治理理论的影响，开始关注政策执行的政策网络关系和治理路径。因此该阶段的政策执行研究开始进入政策网络和新公共治理阶段。

1. 关注政策网络和治理的执行模型

这一类模型主要关注政策执行过程中多元主体间的互动、沟通和协作。其中影响力比较大的有马尔科姆·L. 戈金的"府际政策执行沟通模式"，保罗·A. 萨巴蒂尔的政策支持联盟框架，理查德·马特兰德的"模糊—冲突模型"、饶墨仕等的"动员环境开展整合"的政策执行模型、龚虹波的"执行结构—政策执行—执行结果"分析框架。这一类模型相比前两个类型的理论模型来说，更加关注从某一个视角来对政策执行进行分析，更注重对政策执行局部的影响因素进行分析。

2. 关注政策网络和治理的政策执行影响因素

戈金认为政策执行是一个很复杂的过程，主张对政策执行各种层次进行动态研究。他在"府际政策执行沟通模式"中提出，影响地方政府政策执行的变量主要有：联邦/地方政府的诱导和约束，地方政府能力和地方政府输出的决定（陈庆云，2011）。保罗·A. 萨巴蒂尔的政策支持联盟框架比较复杂。在这个框架中，萨巴蒂尔认为政策执行与变迁主要发生在政策子系统中，在利益上相矛盾的两个行动主体构成了子系统，政策经过子系统的操作之后以政策产出的形式输出，因此不同利益集团的行动对政策执行产出有着重要影响（陈庆云，2011）。饶墨仕等（2016）认为环境对政策执行具有很重要的影响，从环境稳定和变迁的角度提出了"动员环境开展整合"的政策执行模型。在这个模型中，他们提出了影响政策执行的四个重要因素：第一是政治和政策的稳定程度；第二是政策制定者置身于其中的外部政治和经济环境变迁的快慢程度；第三是政策过程的开放性，这一过程受所有参与者影响；第四是公共部门的去中心化。希尔区分了影响政策执行的四个间接因素——形式演绎、制度分析、网络和网络管理、治理研究（迈克·希尔 等，2011）。希尔（2011）认为网络和网络管理更值得关注，他在对政策执行的既有研究做了详细分析后总结出政策执行的影响因素包括七个类别：政策特征、政策形成、在政策转换过程中的层面问题、影响执行机构反应的因素、横向的组织间关系、政策受众所做出的反应、广泛的宏观环境[①]。龚虹波（2008）的"执行结构—政策执行—执行结果"分析框架中包含了三类变量，其中执行结构变量和政策执行变量都影响着政策执行的结果。

以上这些影响政策执行的变量都有一个共同的特征——与政策网络、制度、结构、互动相关。这些影响因素都具有动态性、复杂性、易变性，更不容易把握和控制，但是这也正好解释了政策执行过程的复杂和多变。对政策执行影响因素的更加深入的认识有助于实现"更好的执行"。

三、政策执行相关研究述评

（一）政策执行研究视角述评

根据上文对政策执行研究的研究视角、研究途径、研究内容、方法论和具体使用的研究方法的综述，整理形成表2-1。

表2-1　政策执行研究总结

研究视角	研究途径	研究内容	方法论	研究方法
结构视角	自上而下	重视对政策执行过程和要素进行控制	建构主义	侧重于定性研究
行动者视角	自下而上	重视对基层官员及其互动的研究	实证主义	侧重于定量研究
结构—行动者结合视角	上下整合的途径	重视政策网络和治理	后实证主义	多元研究方法，包括混合方法研究等

---

① 希尔，休普. 执行公共政策：理论与实践中的治理［M］. 黄健荣，等译. 北京：商务印书馆，2011：171.

在研究内容上，政策执行研究对象从"物化执行"向"以人为本"转变。在研究视角上，从结构研究视角向行动者研究视角转变，再向现在的结构—行动者整合研究视角转变。政策执行的研究对象从最初对个体的忽视，到意识到个体的重要性，再到对个体间互动、对话和协调的网络关系的重视，体现了研究对象从"政策"向"个体"再向"网络"的转变。政策是人制定的，政策执行也是不同的个体共同作用的结果，从意识到政策执行这个"被忽略的环节"的存在到意识到"人"在政策执行中的重要作用，再到对政策网络和协作互动作用的认识，政策执行研究不断深化和系统化。

在研究方法上，政策执行研究从注重建构的定性研究方法到注重实证的定量研究方法发展，再向以问题为导向的混合方法研究转变。研究者们开始观察到类型学对政策执行的影响，重视对政策类型进行分类并分析其影响因素差异。在整合的研究视角下，政策执行研究不再囿于定性和定量方法，开始追求以问题为导向的实用主义。但是极端地追求实用主义可能会导致对理论建构的忽略，针对这种情况，有学者提倡，未来的政策执行研究议程应区分广义和狭义的议程，广义的研究议程能够在学术的科学发展层面获得丰富的研究成果，狭义的研究议程能为实践者提供基于实证的建议（迈克·希尔 等，2011）。综合来看，整合的政策执行研究的发展趋势是在追求实用主义的同时，在某种程度上对重视建构宏观理论模型的研究范式进行回归，重视定性和定量结合、"在大量数据的基础上建构简约的规范性模型"① 的研究方法。这种追求实用主义和建构主义相结合的方法论，正好符合混合方法研究（MMR）所追求的研究范式。

综上，结构—行动者整合的研究视角在研究内容上重视对政策网络和互动协作的关注，在方法论层面追求后实证主义研究范式。后实证主义采取的是批判和修正实证主义的一种元理论立场。它与实证主义的区别在于：实证主义者强调研究者与被研究者（或对象）之间的独立性，后实证

---

① MEIER K J, O'TOOLE L J. Management strategies and behavior in networks: A model with evidence from U. S. public education [J]. Journal of public administration research and theory, 11 (3): 271-93.

主义者则认为，研究者的理论、假设、知识背景和价值观可以影响所观察的事物；实证主义者强调定量的研究方法，"后实证主义者则认为定量和定性方法都是有效的研究方法"①。我国学者将后实证主义在政策分析中的运用视为政策科学的"第二次革命"②，并提出当下的后实证主义具有以治理机制为主的特征。也有学者认为后实证主义政策研究"重视观念与话语的作用，主张权力关系、结构与行为主体的相互建构"③，这正好也符合整合的政策执行研究对结构视角和行为者视角相结合的要求。综上，笔者对扶贫政策执行影响因素的研究也选取了混合方法研究来进行研究方法设计。

（二）政策执行影响因素研究述评

通过上文对政策执行影响因素的研究综述可知，目前政策执行研究已经有了相当规模的理论模型。从史密斯关注政策执行全过程到范米特等人对系统内部的关注，再到麦克劳林对主客体间互动和调适的关注，可以清晰地看到研究视角从全局向局部、从整体向部分、从宏观向微观的转变。到萨巴蒂尔和马兹曼尼安，模型变得更加复杂，影响政策执行的因素变得更多（3 大类 17 个因素），这些因素还会因为政策执行阶段（5 阶段）的不同而有着不同的影响。综上所述，现有研究中总结出的影响政策执行的因素主要有以下几类：第一类与政策本身相关，包括政策类别及特征、政策内容和衔接、政策目标、政策本身的理想程度、政策宣传；第二类与政策执行主体相关，包括执行者的激励和偏好、执行机构或组织、执行者/组织间的垂直关系和横向协作关系；第三类与政策环境相关，包括制度环境、自然环境、社会环境、风俗文化环境等；第四类与政策资源相关，包括财力资源、物质资源、人力资源、技术资源等；第五类与政策对象相关，包括目标群体的态度、行为、利益相关者及其之间的关系等；第六类与执行过程相关，包括政策执行程序、执行阶段、执行模式等。政策执行

---

① WIKIPEDIA. Postpositivism［EB/OL］.（2019 - 12 - 03）［2022 - 11 - 04］. http://wikipedia. moesalih. com/Postpositivism.

② 何鉴孜，李亚. 政策科学的"二次革命"：后实证主义政策分析的兴起与发展［J］. 中国行政管理，2014（2）：95-101，121.

③ 林子伦. 台湾气候变迁政策之论述分析［J］. 公共行政学报，1997（28）：153-175.

理论模型中涉及的各要素几乎涵盖了所有与政策执行相关的影响因素。

在具体分析某种/类政策执行影响因素时，要素偏重各有不同。由于扶贫政策是中国本土独有的政策，因此直接套用西方政策执行理论模型并分析其影响因素的无法触及核心要素，基于此种考量，本书力图挖掘更加符合我国现实情况的维度，以期从中获得扶贫政策执行的影响因素。

第二节　扶贫政策执行影响因素相关研究

在中国知网上以"扶贫"并含"政策执行"为主题词组进行搜索，到目前为止（2023 年 1 月 14 日），学界已经发表了共 1 256 篇相关研究文献（检索条件：主题＝扶贫+政策执行；模糊匹配；全部）。具体文献发表量（每年）如图 2-1 所示。

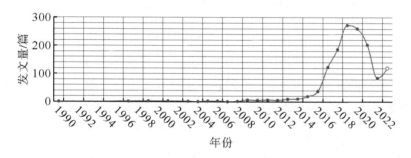

图 2-1　中国知网"扶贫+政策执行"主题词文献发表年度总体趋势①

从图 2-1 中可以看出，自 1990 年有扶贫政策执行研究的文献开始，大致呈逐年上升趋势，从 2013 年开始上升趋势逐渐明显，这与我国 2013 年我国开展精准扶贫息息相关，到 2019 年到达顶峰。以截至 2020 年 2 月发表的核心期刊为主，对主题词分别为"扶贫+政策执行"和"扶贫政策+执行"的核心期刊文献进行详细阅读分析、计量可视化分析以及文献互引网络分析（分析条件：信息显示——关键词，节点过滤——被引频次 3，

①　中国知网. 计量可视化分析—检索结果（主题＝扶贫+政策执行）[EB/OL]. [2023-01-14]. https：//kns. cnki. net/kns/Visualization/VisualCenter. aspx.

关系分析——参考引证），分析结果显示如图 2-2 所示。

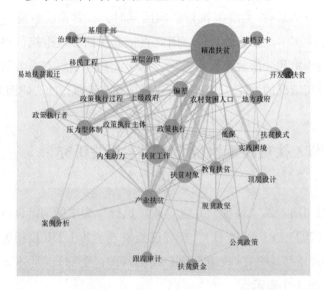

图 2-2　中国知网计量可视化分析：文献互引网络分析结果①

从图 2-2 中可以看出，我国在扶贫政策执行方面的研究成果已经比较丰富。通过对这些关键词进行分析和整理，我们可以看到对扶贫政策执行能够产生影响的因素主要有：政策执行主体（压力型体制、科层损耗、政府治理、运动式治理、央地关系、基层行政、乡镇自利性、权威缺失、共谋现象、非正式制度等）、政策执行对象（农村扶贫、个体贫困、村民自治、国家—农民关系、精英俘获、可行能力等）、政策本身（产业扶贫、教育扶贫、财政扶贫、移民搬迁、政策清单、扶贫项目等）、政策执行过程（政策悬浮、执行偏差、瞄准偏差、形式主义、不精准执行、精准识别、退出机制等）、政策资源（公共资源、非对称信息、大数据技术等）这五个方面，其中，对政策执行主体因素的相关研究最多，对政策资源因素的相关研究最少，对政策环境和政策内容方面影响因素研究比较匮乏。本书将从这五个方面出发，整理出以下五大类影响因素：

---

① 中国知网计量可视化分析：文献互引网络分析 [EB/OL]．[2020-02-14]．https://kns.cnki.net/KVisual/ArticleAnalysis/index？t=1581608953952．

一、扶贫政策执行主体相关影响因素

关于政策执行主体层面的影响因素，诸多学者从制度、组织和个体层面进行了多层次、多视角和不同理论的研究。研究成果提到最多的主题词有："压力型体制"、"双轨"治理、"共谋"现象、"瞄准偏差"、"精英俘获"①、"街头官僚"②、"形式主义"、"数字帮扶"等，这些主题词有着千丝万缕的因果关系或者紧密联系。

（一）压力型体制下的基层政策执行者

一部分学者主要从压力型体制来分析我国基层政策执行主体对基层政策执行的影响，主要表现为政策执行者在政策执行中规避责任的行为，一般表现为形式主义、"表海"、"数字帮扶"、利益共同体、权宜性执行等。"压力型体制"实际上是荣敬本等人在《从压力型体制向民主合作体制的转变——县乡两级政治体制改革》一书中提出的概念，具体定义是"所谓压力型体制，指的是一级政治组织（县、乡）为了实现经济赶超，完成上级下达的各项指标而采取的数量化任务分解的管理方式和物质化的评价体系。为了完成经济赶超任务和各项指标，各级政治组织（以党委和政府为核心）把这些任务和指标层层量化分解，下派给下级组织和个人，责令其在规定的时间内完成，然后根据完成的情况进行政治和经济方面的奖惩"③。这个概念被引用到政策执行的研究中来，被认为是我国基层政策执行主体产生责任规避的主要根源。有学者认为基层的帮扶政策执行这种分

---

① "精英俘获"（elite capture）是发展社会学中的一个概念，意指在发展中国家的发展项目或反贫困项目实施过程中，地方精英凭借其自身具有的参与经济发展、社会改造和政治实践的机会优势，支配和破坏社区发展计划和社区治理，扭曲和绑架了发展项目的实施目标进而影响了社区发展项目的实施和效果。（李祖佩，曹晋. 精英俘获与基层治理：基于我国中部某村的实证考察[J]. 探索，2012（5）：187-192.）本书中的"精英"主要包括村干部亲属、乡村中文化水平较高的有才能的人、经济收入较高的富有的人，这几个群体在乡村治理中发言权较大，且对政策信息更为了解，因此也注定他们有更多的机会"俘获"政策利益。

② "街头官僚"这个概念是利普斯基（M. Lipsky）在1969年首次提出的，用以指称"直接与公民互动、面对人民代表政府的人"。其特征包括：在常规工作中与公民直接互动；尽管在组织结构中工作但仍具有相当广泛的独立性，包括但不限于自由裁量权；其处理事务对公民的潜在影响是相当广泛的（董伟玮，李靖，2017）。

③ 荣敬本，崔之元，等. 从压力型体制向民主合作体制的转变：县乡两级政治体制改革[M]. 北京：中央编译出版社，1998：28.

级落实的科层安排中，各个层级的利益诉求并不是完全一致的，在利益追求的差异中产生了政策执行的政治机制、行政机制和治理机制三种行动逻辑，行政机制与治理机制衔接不适造成了"政策悬浮"，进而推动中央以运动式治理方式来变动政策，进一步加重地方政府的脱贫治理难度，使帮扶政策陷入基层实践的困境之中（赵晓峰，2018）。还有学者认为，在压力型体制之下，村级组织作为政策执行的最终落实和执行者，"尴尬的角色定位"和"自利性"会使这个群体做出"权宜性执行"政策的行为，并最终滋生官僚主义和形式主义（钟海，2018）。还有学者提出在压力型体制下，基层组织在执行帮扶政策时会采用"避责逻辑"的执行样态，即"面对负向强激励下过高的责任风险，基层被动员起来用填表、留痕的方式来规避或对冲这种压力：最重要的不是扶贫工作的成效，而是自身不被问责"[①]。基层扶贫政策的执行"是在政府的压力下，村干部和帮扶人不断劝说、监测户妥协的结果，体现的是一种被动的政策执行"[②]。在县级政府采用高压的方式推进帮扶政策执行时，乡科级政府为了避免被问责，尽快完成任务，会采用"会议—文件—表格"[③]的方式来应对上级分配的任务。学者们认为在这种层层分配任务的高压态势的组织体制内，基层政策执行者为了能够完成上级分配的政策任务，会在其自由裁量权的范围内尽可能以最低的标准完成任务，尽量避免风险的产生，因此滋生了形式主义、"表海"、"数字帮扶"等基层政策执行的策略性应对问题。

（二）"双轨政治"下的基层政策执行者

还有一部分学者主要从"双轨政治"的治理逻辑出发分析我国基层政策执行者对基层政策执行的影响，以寻求基层政策执行中产生的诸多问题的深层次根源。"双轨政治"实际上是"压力型体制"在我国特有的乡村场域下产生的治理制度。学者们认为我国的基层社会治理在"双轨政治"

---

① 孙宗锋，孙悦. 组织分析视角下基层政策执行多重逻辑探析：以精准扶贫中的"表海"现象为例 [J]. 公共管理学报，2019，16（3）：16-26，168-169.

② 陈秋红，粟后发. 贫困治理中主要利益相关者的多重摩擦和调适：基于广西 G 村的案例分析 [J]. 中国农村经济，2019（5）：72-88.

③ 郭小聪，吴高辉，李刘兴. 政策脱节中的政府行为机制：基于深度贫困县 L 产业扶贫过程的案例分析 [J]. 西北农林科技大学学报（社会科学版），2019，19（5）：33-39.

的逻辑下，基层政策执行者（尤其是村级组织）具有双重属性，这种双重属性能够解释基层政策执行者产生的许多诸如"街头官僚"、共谋、寻租、精英俘获、瞄准偏差等问题。"双轨政治"是费孝通先生在《乡土中国与乡土重建》中提出的概念，费孝通在该书"基层行政的僵化"一章中提出"政治绝不能只在自上而下的单轨上运行。人民的意见是不论任何性质的政治所不能不加以考虑的，这是自下而上的轨道。一个健全的、能持久的政治必须是上通下达、来往自如的双轨形式"①；并在接下来的"再论双轨政治"中对其进行了更加详细的论述，提出"虽然自上而下与自下而上等用语容易导人于误解，但事实上却有这样两橛的分别。所以我特别避用这些容易误会的名词，而只把上一橛名为甲橛，把下一橛名为乙橛。甲橛是皇帝的政权和官僚的政治，乙橛是乡民为了地方公益而自己实行的互助"②。费孝通先生以此概念分析中国特有的治理路径和逻辑，极好地解释了我国基层社会治理中出现的诸多问题。政策执行的最终落脚点是在基层，"自上而下"的政策制定和分解路径以及"自下而上"的基层自治路径正好契合了"双轨政治"的概念特征，因此很多学者受到"双轨政治"的启发，对基层帮扶政策执行（包括脱贫攻坚时期）中出现的许多问题，尤其是制度层面的问题进行了比较深层次的分析和研究，并有了一定的研究成果。有学者从"双轨"的逻辑出发，提出我国帮扶政策执行具有"自上而下的供给导向"和"自下而上的需求导向"，二者缺一不可，只有这两种导向实现平衡，才能更好地提高扶贫政策执行效果（尹利民 等，2018）。有学者提出"身处乡土社会的村干部，始终面临着双重行动逻辑的困境"③，这两重行动逻辑即作为政府代理人的行政逻辑和作为乡土社会成员的当家逻辑，这两重逻辑造成了村干部在具体工作中的困境，最终影响了基层政策执行的效率。还有学者提出在基层政策执行中，基层干部尤

---

① 费孝通. 乡土中国与乡土重建［M］. 台北：风云时代出版公司，1993：150.
② 费孝通. 乡土中国与乡土重建［M］. 台北：风云时代出版公司，1993：163.
③ 陈秋红，粟后发. 贫困治理中主要利益相关者的多重摩擦和调适：基于广西 G 村的案例分析［J］. 中国农村经济，2019（5）：72-88.

其是村组干部"遵循官僚制规则和博弈规则两类规则"①，这两类规则实际上也是"双轨政治"治理逻辑下的产物。双重规则的模糊性为基层政策执行者利用自由裁量权执行政策制造了空间，从而造成了政策执行梗阻。综上，在我国政策执行的压力型官僚制和特有的乡村自治场域下，"双轨政治"已经成为学者们研究基层政策执行者行为方式的逻辑起点，并认为这两条治理路径的平衡对于提高基层政策效率具有关键作用。若自上而下的政治逻辑占了主导地位，则会导致基层产生形式主义、共谋、"表海"、"数字帮扶"等乱象，这些现象同"压力型体制"导致的问题是一致的；若自下而上的自治逻辑占主导地位，则会导致基层政策执行中出现寻租腐败、精英俘获、瞄准偏差等问题。为了实现二者的平衡，我们就需要下功夫在作为政策执行体制末梢的基层执行组织中去研究和探索更好的解决路径。

（三）末梢政策执行者的自限性

本书将村级自治组织中的村干部称为"末梢政策执行者"。这部分政策执行者具有村民和政策执行者的双重身份，比基层政策执行者能更直接地接触村民，且更熟悉村庄的风俗人情和政策环境，在村民眼里他们代表着政策执行者，但同时他们又游离于政府体制之外，在某种程度上又摆脱不了个人局限性。末梢政策执行者对政策执行过程以及目标达成具有重要作用，很多学者分析这一群体对基层政策执行的影响，主要观点有：村组干部素质偏低（李金龙 等，2017；易柳，2018），政策执行主体能力欠缺（陈坚，2017），村干部配合度低（熊莉萍 等，2017），社会帮扶力量参与乏力（李金龙 等，2018），等等。村干部整体素质偏低和社会力量参与偏弱确实是我国基层治理中客观存在的问题。这些问题都显示了末梢政策执行者的自我局限性。这种自我局限性对扶贫政策执行起着负向的影响，不利于政策目标的达成。

---

① 李金龙，杨洁.基层精准扶贫政策执行梗阻的生成机制及其疏解之道［J］.学习与实践，2018（6）：65-73.

二、扶贫政策对象相关影响因素

扶贫政策对象指的是政策执行的目标群体，对政策执行的目标达成有着重要的影响作用。学者们主要从以下几个方面来研究其影响：

（一）扶贫政策对象参与度低

研究者们认为政策对象的主要问题在于参与度低和参与能力有限。有学者通过对我国脱贫农户的定量化研究得出脱贫农户是理性的结论，认为中国适宜采取间接式帮扶方式（傅晨 等，2000）。有学者认为扶贫政策对象受传统权力本位的政治文化的束缚，具有政策执行参与意识和能力不足、对政策信息了解不足，以及制度化参与渠道不畅通（李金龙 等，2019）等短板，造成政策目标群体在政策执行过程中出现了一系列问题。也有学者通过定量的研究方式，提出完善基层民主协商制度能够有效提高农户的政策满意度（张广来 等，2018）。还有学者对第一书记和村两委之间的互动关系，以及第一书记、村两委和监测户之间的互动关系进行了解构，认为监测户的政策参与意愿和互动结果会对政策成效产生影响（郭小聪 等，2018）。

（二）政策对象的自限性

政策对象的自限性指的是政策对象自身能力、素质方面的局限会对政策执行效果产生负面作用。徐艳晴和刘富春（2019）通过定量的实证分析发现，脱贫人群在个体年龄、性别、受教育程度、职业类型和利益关系等方面的差异对脱贫人群的精准扶贫政策感知有明显的影响；同时，这些个性差异也直接影响着个体参与政策执行的主观意愿和行为能力。陈浩天（2017）通过定量分析发现，监测户获取信息的能力较差，而且收入水平低的家庭对扶贫政策的认可度也低，这两个研究结果也可用来解释过渡时期监测户政策参与度低的原因。综上，如何使政策对象更加积极主动地参与并配合政策执行，对于提高政策执行效率具有重要意义，这样才能更好地帮助脱贫地区实现可持续性脱贫。要解决并提高监测户的政策参与度，不仅要从制度层面入手进行制度设计和调整，同时还应注意培养监测户的个体参与能力和素质，从两方面着手来提高目标群体的参与度。

（三）临界政策对象的消极影响

除了研究政策执行对目标群体的影响外，还有一个群体是基层扶贫政策执行研究不能忽视的，这个群体就是处于临界点的非贫困户。在基层扶贫政策执行中，很多目标群体层面的矛盾和问题来源于该群体。李金龙和杨洁（2018）提出"临界农户"的"争贫、闹访"① 行为时有发生，从而造成了乡村社会的失范。章文光（2019）以扶贫政策的外部性为逻辑起点，以习总书记在 2017 年中央农村工作会议上提出的"福利陷阱"和"悬崖效应"详细阐述了扶贫政策的外部性对相关利益群体带来的影响②。因此，要实现基层社会治理的安定和谐和有序，就要对这部分群体给予心理上的适当调试，以及某些政策上的优惠，从而消除贫困户和非贫困户之间的矛盾，更好地实现基层社会治理新格局。

三、扶贫政策内容相关影响因素

（一）政策内容的供需耦合性

扶贫政策内容的供需耦合性指的是政策内容是否与政策对象需求和农村实际情况相符合，只有与实际情况相符合的政策才能更好地得到执行。郭小聪等人（2019）认为政策本身与基层实践情况不相符，以及基层政策执行主体的自由裁量权给了村两委选择性阐释政策内容的空间，从而导致策略性执行政策。陈坚对易地搬迁政策执行进行研究发现，政策本身具有一定的局限性，政策弹性小给执行政策者在搬迁人口、房屋面积、安置地点和拆除旧房等方面造成了一定的困扰，应"构建政策跟踪反馈机制"③来解决政策内容本身的局限性问题。金江峰对产业扶贫政策的执行偏差进行分析发现，产业政策在基层的实践中存在"项目资源因时因地输入的不精准"④ 的问题，即产业政策中制定的项目并不符合当地的经济、文化和

---

① 李金龙，杨洁. 深度贫困地区精准扶贫政策执行的国家治理能力研究 [J]. 天津行政学院学报，2018，20（5）：69-77.

② 章文光. 精准扶贫政策的"外部性" [J]. 人民论坛，2019（15）：44-45.

③ 陈坚. 易地扶贫搬迁政策执行困境及对策：基于政策执行过程视角 [J]. 探索，2017（4）：153-158.

④ 金江峰. 产业扶贫何以容易出现"精准偏差"：基于地方政府能力视角 [J]. 兰州学刊，2019（2）：181-191.

自然环境情况，也不符合脱贫农户的实际需求或者市场规律。这些研究成果也为乡村振兴时期基层的产业政策执行提供了一定理论参考。

（二）政策内容的稳定性

这种"稳定性"指的是根据政策执行结果反馈而不断调整政策内容后的内容一致性。这种稳定性会对政策执行的有效性产生影响。陈辉和陈讯认为基层政策执行主体对政策偏差的调适会催生"政策的非连续性"①，从而助长农户的机会主义行为。赵静的研究也发现高程度的自由裁量权会导致政策执行的多样化，从而导致政策的波动和跃迁，进而对产业发展产生损害，最后得出"政策的稳定性是产业发展的必要保障"②的结论。

综上，在扶贫政策内容方面，主要问题在于基层政策调整的幅度和频度。首先是政策调整的幅度问题，基层若拥有过多的自由裁量权，就会给基层执行者产生寻租、不作为、选择性执行的空间；但如果不给予基层执行主体适度灵活调整政策内容的空间，又会导致政策内容执行僵化。政策局限性不仅会打击基层执行者的积极性，也会由于供需不耦合而导致脱贫农户的形式化应对。其次是政策调整的频度问题。若政策调整过度频繁，则会导致政策的权威性受损，朝令夕改也会极大损害政策执行效果。

四、扶贫政策资源相关影响因素

（一）信息资源可及性低

信息资源可及性指的是政策对象获取政策信息资源的渠道和能力。这一因素会直接影响政策对象的参与度，进而对政策目标达成造成影响。李金龙和董宴廷（2019）认为农户的信息获取能力不足是导致他们在帮扶政策执行中参与度低的原因之一。陈浩天的研究结果表明"扶贫治理中的'信息分化'效应导致农户获取帮扶信息的能力较弱"③。

---

① 陈辉，陈讯. 精准扶贫实践中的政策执行偏差及其调适 [J]. 中共福建省委党校学报，2018（9）：86-92.

② 赵静. 决策删减—执行协商：中国山西煤炭产业政策过程研究 [D]. 北京：清华大学，2014.

③ 陈浩天. 认知差异、信息分化与国家扶贫政策清单执行绩效：基于全国20省（区、市）3 513个贫困农户的调查 [J]. 东南学术，2017（6）：87-93.

（二）资源分配和利用效率低

资源利用效率低指的是政策资源的投入与收益不成正比，造成了资源浪费，从而导致政策执行效果不佳。金江峰（2019）对该问题进行了深入研究，他通过对产业帮扶政策执行偏差的研究发现，产业帮扶政策出现执行偏差的原因在于政策资源的"行政俘获""精英俘获"和"脱贫消解"。"行政俘获"即资源的高度聚集，表现为创办"典型"、"垒大户"、项目"办点"的形式主义现象，以及通过"花钱买稳定"的方式来"规避资源分配造成乡村治理秩序的混乱"；"精英俘获"即资本力量进入政策执行过程中，将资源为己所用；"脱贫消解"即政策资源被机械化地分配到监测户手中，造成资源利用出现边际效应递减的"内卷化"现象。

（三）资源短缺和渠道单一

资源短缺和渠道单一指的是政策配套资源——包括物力资源和人力资源——不足，以及获取渠道单一。郭春甫认为，在基层的帮扶政策执行中，"资源短缺和资源分配方式单一，导致资源配置的供求失衡与利用低效问题共存"[①]，也就是政府为了"短平快"地实现政策执行成效，将更多的资源投入产业项目中，对医疗卫生和教育这类对巩固拓展脱贫攻坚成果具有基础性和长效性影响的事业投资不足。江童从农村空心化的角度出发，提出农村脱贫地区普遍存在"人力资源外流、精英力量流失"[②]的问题。

五、扶贫政策环境相关影响因素

国内现有研究成果中提到的基层帮扶政策执行在环境方面的影响因素主要有自然环境、经济环境、社会环境、人文环境（比如乡土秩序、差序格局、乡村人际关系网络等）和制度环境，前文提及的"压力型体制"和"双轨政治"实际上也是我国制度环境的主要特征。国外的政策执行内容往往与政治环境、社会环境、经济环境、文化环境、宗教环境以及国家所处的发展阶段紧密相连。

[①] 春甫，薛倩雯.扶贫政策执行中的形式主义：类型特征、影响因素及治理策略［J］.理论与改革，2019（5）：140-152.

[②] 江童.农村空心化背景下广西精准扶贫政策执行的困境及路径分析［J］.哈尔滨学院学报，2018，39（4）：48-52.

六、文献述评

综上所述，能够产生影响的因素主要有：政策执行主体（压力型体制、科层损耗、政府治理、运动式治理、央地关系、基层行政、乡镇自利性、权威缺失、共谋现象、非正式制度等）、政策执行对象（村民自治、国家—农民关系、精英俘获、可行能力等）、政策内容（产业发展、教育、医疗卫生、金融、财政、易地搬迁集中安置等）、政策执行过程（政策悬浮、执行偏差、瞄准偏差、形式主义、不精准执行、退出机制等）、政策资源（公共资源、非对称信息、大数据技术等）这五个方面。

这些研究成果具有以下特点：

第一，在研究内容上注重执行主体的研究而轻视其他要素的研究；对执行过程的研究偏向千篇一律的系统概括性阐述，而缺乏全景式深度描绘；对政策内容的研究注重政策稳定性和可调整性的研究，缺乏对政策内容衔接性的研究；注重消极影响因素研究而忽略积极影响因素研究。

第二，在研究方法上较为单一，定性分析主要采用案例分析法，定量分析多用 Probit 模型，在分析框架上多采用西方政策执行模型。

第三，在研究视角上偏宏观轻微观，偏结构视角轻行动者视角。

第四，在影响要素上，对政策执行主体因素的相关研究最多，对政策资源因素的相关研究最少，对政策环境和政策内容方面影响因素的研究比较匮乏。

第五，在分析框架上，国内既有研究已经比较丰富且成熟，但是在采用具体的分析框架时，国内学者大多仍会采用国外已有的政策执行理论模型来研究中国场域下的政策执行问题和相关影响因素。国内已经有学者意识到"西方政策执行理论并不能解释中国精准扶贫组织有效运行"[①] 的问题，因此我国学界对后实证主义研究方法的运用目前呈上升趋势，有越来越多的学者开始运用扎根理论、案例分析等后实证主义研究方法来展开研究，提出更多符合我国本土情况的研究变量和研究框架，这对构建我国的政策执行话语体系、丰富我国政策执行理论成果具有重要意义。

① 王丛虎，李宜馨. 精准扶贫政策执行中组织运行的创新与完善：基于信阳市大别山革命老区的调研 [J]. 河南社会科学，2018，26（7）：75-80.

第三节　问题的提出

一、既有研究的不足

（一）政策执行主体研究线性化

既有研究主要对基层政策执行主体在压力型体制下的"双轨政治"中是如何行动并影响政策执行结果的过程进行深入剖析。"双轨政治"自上而下和自上而下相结合的研究路径正好契合了西方政策执行研究的整合途径，从这个角度来看，我国政策执行在研究路径上与西方政策执行研究接轨。但是西方政策执行的整合途径并不是简单的"上下"路径的线性融合，而是从垂直方向和平行方向的网络状关系解构政策执行主体对政策执行的影响。萨尔夫在他的网络分析路径中认为有效的执行分析是平行方向的而非垂直方向的（希尔 等，2011）；奥图尔建立了横跨组织过程模型，关注到在官僚体制内不同层级间的各平行部门之间的协作关系对政策执行的重要影响；希尔也将横向的组织间关系列为政策执行的影响因素之一。在我国的研究中，关于横向部门的协作沟通关系对政策执行的影响却缺乏深入探索。通过对基层的调查研究发现，除了纵向上的体制特征对基层政策执行起到极大作用以外，各层级横向部门之间的紧密协作也起到了不可小觑的作用。即使我国学者对政策执行主体进行了"上下"双向的线性研究，也无法解释政策执行资源是如何在不同项目和部门间进行有效分配和利用的，而横向各部门间打破壁垒的有效协作实际上对我国基层扶贫政策的有效执行也起着关键作用。

（二）政策对象分析刻板化

政策对象分析刻板化即对扶贫政策的目标群体的研究都是在"一个基本假设之上：将困难群众作为一个同质性较强的静态整体来看待"[①]。国内

---

① 向德平，高飞. 政策执行模式对于扶贫绩效的影响：以 1980 年代以来中国扶贫模式的变化为例 [J]. 华中师范大学学报（人文社会科学版），2013，52（6）：12-17.

关于帮扶政策执行的研究，对政策执行主体有着广泛而深入的研究（甚至对执行机构和执行者进行分别研究，研究层次多、程度深），对政策对象（目标群体）影响要素的研究（从群体到个人）显得较为缺乏和浅显，在文献中往往以一句"参与度低""配合度低"或者"懒惰"等简要概括政策对象对政策执行成效的影响，缺乏对群体乃至个体行为、观念的深入分析和研究，将政策对象静态化和刻板化。这种研究视角的刻板化导致对这一群体及其利益相关者缺乏更深层次的研究，从而无法真正获悉这一群体"政策参与度低""政策配合度低""政策参与能力低"等产生的深层次原因。西方的政策执行研究也存在这一问题，第三代研究途径对目标群体仍然没有给予太多的关注，自下而上的"下"也指的是官僚体制中的基层政策执行者。希尔（2011）总结政策执行影响因素时，只列了政策受众的反应作为政策对象层面的影响要素，却没有再对政策受众的其他影响要素给予关注。如果把政策执行过程看成多主体互动的网络关系，那么对政策执行主体网络的过度关注必将导致"执行对象刻板化"，这种研究对于真正的政策决策者和执行者来说，并没有多大的实践参考价值和意义。"幸福的人都是相似的，不幸的人各有各的不幸"，将政策目标群体视为静态的无差别对象进行研究，容易得出误解性的研究结论，并产生刻板化的印象和偏见。

（三）政策内容解析模糊化

现有研究对政策内容调整前后的衔接性、政策内容的理想程度和政策目标的可达成性对政策成效的影响都缺乏更深层次的探索，对政策内容的研究仅停留在政策稳定性上，而对政策内容是否适宜、政策调整前后是否保持一致性的探讨则比较简单。政策内容本身的科学性和目标的可达成性，对政策执行有着非常重要的引领和指导作用。如果政策本身的目标难以达成，政策内容科学性不足、可执行度不高，或者政策调整前后出现逻辑矛盾或者内容不衔接，那么就会对政策执行产生负向作用和影响。我国目前关于帮扶政策执行的研究，对政策内容要素的研究还只停留在对特征层面的讨论上。

（四）影响因素总结片面化

我国已有的扶贫政策执行影响因素研究，几乎都在分析导致政策执行效果不佳的消极影响因素，探讨是什么因素导致扶贫政策执行出现偏差或梗阻。萨尔夫认为，要形成一种政策执行过程的研究方法，就要识别促进或阻碍政策执行的一些经验性因素，并集中关注协调、合作甚至是网络的形成，还有资源的分配和交换（希尔 等，2011）。对如何识别政策执行的积极促进因素和消极阻碍因素都有提及，属于在政策执行研究当中两边兼顾的研究路径，但是在我国基层扶贫政策执行的研究当中，大多数学者却都在探讨导致政策执行偏差、梗阻、执行不力的影响因素，很少有学者对我国扶贫政策执行中促进政策目标达成的正向影响因素进行经验分析和总结。

二、研究问题的提出

新中国成立至今，我国一直在跟贫困做斗争，为人民群众过上更加幸福和富裕的生活付出各种努力，并且取得了令世界瞩目的巨大成就。1950年，当时我国国民人均收入仅为 31 美元，相当于美国的 1.8%、苏联的9.1%、英国的 4.5%；1952 年，我国人均 GDP 仅有 119 元，低于当时除埃塞俄比亚外的其他非洲国家；1949 年我国总人口数为 5.416 7 亿，占世界总人口数量的 21.66%，是当时世界上人口最多的国家，也是当时世界上最贫困的国家，其贫困人口占全世界脱贫人口总数的 40%[①]。1978 年，我国仍有 7.7 亿贫困人口，贫困发生率高达 97.5%[②]。2019 年，我国贫困人口减少至 551 万人，贫困发生率也降至 0.6%。2020 年，经过全党全国各族人民共同努力，在中国共产党成立一百周年的重要时刻，我国脱贫攻坚战取得了全面胜利，现行标准下 9 899 万农村贫困人口全部脱贫，832 个贫困县全部摘帽，12.8 万个贫困村全部出列，区域性整体贫困得到解决，完成了消除绝对贫困的艰巨任务。在取得举世瞩目的成绩的同时，我们应该思考"怎样更好地巩固拓展脱贫攻坚成果，防止规模性返贫现象发生？"，

---

① 胡鞍钢. 从世界最大贫困人口国到小康社会（1949-2020 年）[C] //清华大学国情研究中心. 国情报告第十七卷 2014 年，2016：187-197.

② 国家统计局. 人民生活实现历史性跨越 阔步迈向全面小康：新中国成立 70 周年经济社会发展成就系列报告之十四[EB/OL]. (2019-08-09) [2022-11-14]. http://www.stats.gov.cn/tjsj/zxfb/201908/t20190809_1690098.html.

对脱贫攻坚时期扶贫政策执行的成功经验做全方位、立体式的分析总结。

　　综上，我们提出了本书的研究问题：第一，基层脱贫攻坚时期的帮扶政策的前后调整是否做到了有效衔接，对政策执行有何影响？第二，基层各种帮扶政策的执行主体在横向部门间的协调合作是如何影响政策执行的？第三，政策执行者的执行策略是如何影响政策对象和利益相关者的行为和政策效果的？第四，在扶贫政策执行中有哪些消极因素导致政策执行出现梗阻，又有哪些积极因素促进政策目标的达成？这四个问题将为研究的具体开展指出更加明确的方向。

第三章　关键概念界定和理论基础

要厘清扶贫政策执行的影响因素，首先要厘清什么是扶贫，相关的政策是什么，这些政策执行的影响因素又是什么。只有界定并阐明相关概念，才能精准回应本书的研究问题。本章将对政策执行、扶贫政策、扶贫政策执行的影响因素等关键概念进行界定，为下文设计访谈提纲和问卷提供概念基础。另外，本章还会对扶贫政策执行的基础理论——政策网络理论、整体性治理理论和能力贫困理论——进行阐述，为后文能够科学实施扎根理论研究打下扎实的理论基础。

第一节　关键概念界定

一、政策执行

政策执行是政策科学发展到一定程度，在以阶段论的线性思维对政策过程进行反思之后的产物。政策执行的出现也代表政策科学作为一门学科的成熟和壮大。对政策执行的关注起源于 1973 年美国学者普雷斯曼和怀尔德夫斯基（Pressman and Wildavsky，1973）共同撰写并出版的《执行：联邦政府的期望在奥克兰市落空》（*Implementation：How Great Expectation in Washington Are Dashed in Oakland*）①。这本书的出版引起了人们对政策过程

① 金太军，等. 公共政策执行梗阻与消解 [M]. 广州：广东人民出版社，2005：51.

研究中"缺失的环节"① 的探讨。政策执行是联结政策制定和政策评估的中间环节，对它的独立和深入研究意味着政策科学研究的系统化和精准化，因此对政策执行的概念及内涵做精确定义就是将政策执行研究专门化的第一步。"执行运动"发起人普雷斯曼和怀尔德夫斯基认为，"可以把政策执行当作包含初始条件和预期结果的一个假设来探讨"②。依据这样的说法，可以认为他们把执行视为目标和行动之间的一个复杂的包含因果关系的过程。奥图尔认为，政策执行是"在确定政府机构去做什么或停止做什么的主观意图与最终在现实社会中产生的效果之间所发生的活动"。费曼则简洁地把政策执行定义为"在政策期望与（所感知的）政策结果之间所发生的活动"③，这个定义得到了希尔（2011）的认可。范米特认为政策执行是"以其他方式和途径对政治的继续"④。萨巴蒂尔和马兹曼尼安将政策执行视为"用法律、上诉法院决定、行政命令，或用议会决定、内阁政令的形式，实施一种基本政策决定的过程"⑤。饶墨仕等人则认为，"执行是一个动态的、非流程性过程……而且在这一过程中，胜利和失败的代价开始得到体现"⑥。

在国内的既有研究中，比较具有代表性的关于"政策执行"的概念有以下几种：林水波等（1995）认为，政策执行是一种动态的过程，在这个过程中，负责执行的机关与人员组成必要的要素，采取各项行动，扮演各种角色，进行适当的裁量并建立可行的规则，培养并塑造目标共识与激励士气，应用协商的方式来化解冲突，从而达成政策目标。陈振明认为，政

① HARGROVE E C. The missing link：The study of the implementation of social policy［M］. Washington，DC：Urban Institute，1975.

② PRESSMAN J L，WIDAVSKY B. I mplementation［M］. Berkeley：University of California Press，1979：XX-XXI.

③ FERMAN B. Implementation and the Policy Process：Opening Up the Black Box［M］. New York：Greenwood Press，1990：39-55.

④ VAN METER D S. The Policy Implementation Process［J］. Administration and Society，1975（6）：447.

⑤ 陈振明. 政策科学：公共政策分析导论［M］. 2 版. 北京：中国人民大学出版社，2003：260.

⑥ 饶墨仕，豪利特，弗里曾. 公共政策过程：制定、实施与管理［M］. 吴逊，译. 上海：上海人民出版社，2016：115.

策执行是一个动态的过程，"它是政策执行者通过建立组织机构，运用各种政策资源，采取解释、宣传、实验、实施、协调与监控等各种活动，将政策观念形态的内容转化为实际效果，从而实现既定政策目标的活动过程"①。金太军等将政策执行也称为"政策实施"，他认为政策执行或实施即"将政策方案付诸实践，解决实际政策问题的过程，也就是将政策理想转变为政策现实的过程，包括政策宣传、政策分解、组织和物质准备、政策实验以及智慧、沟通、协调等功能活动环节"②。汤敏轩认为，"公共政策执行是指将确定的政策方案付诸实施的过程"③。龚虹龄认为政策执行是"政治的具体表现形式"，"可以归纳为'谁、得到什么、如何得到以及有何影响'的问题"④。

综上所述，国内外学者虽然从不同的角度对"政策执行"进行了定义和描述，但就"政策执行是一种动态的过程"达成了共识，差异在于这是一种怎样的动态过程。普雷斯曼和怀尔德夫斯基认为它是一种复杂的因果关系；奥图尔和费曼对政策执行的定义比较接近，总结起来就是某种主观意图（期望）和客观结果之间的关系；萨巴蒂尔和马兹曼尼安用一种列举的方式来具体地说明什么是政策执行；陈振明和金太军等也通过对政策执行的具体活动和环节进行列举式定义的途径来阐述政策执行的概念，这两位学者对政策执行持积极态度，认为政策执行不仅是简单的动态过程，而且是一个努力实现政策目标的积极过程；而龚宏龄的定义方式比较独特，他从政策执行所要解决的具体问题入手，从另一个维度解释什么是"政策执行"。

总结各学者的观点，本书认为政策执行是政策执行者在一定的政策环境和资源条件之下，以其主观意图对客观政策内容和目标进行解读并开展政策执行活动，最终产生一系列政策执行结果的一个动态过程，该过程包

---

① 陈振明. 政策科学：公共政策分析导论 [M]. 2 版. 北京：中国人民大学出版社，2003：260.

② 金太军，钱再见，张方华等. 公共政策执行梗阻与消解 [M]. 广州：广东人民出版社，2005：7.

③ 汤敏轩. 转型中国公共政策失灵研究 [M]. 北京：西苑出版社，2010：94.

④ 龚宏龄. 受众对公共政策执行的影响研究：以中国房地产利益群体为例 [M]. 北京：中国政法大学出版社，2017：38-39.

含政策解释、政策宣传、协调沟通与政策监控等一系列活动环节。在这个过程的每一个活动环节中，都有各种复杂的主客观因素在影响着政策的执行及其绩效。在这些因素中，有些因素起着正向的作用，能够促进政策目标的达成甚至优化政策成效；也有些因素起着负向的影响，阻碍政策目标的实现甚至导致政策失败或者失效。政策执行的动态性使得政策结果包含诸多不确定性，政策执行是一个黑匣子，要对这个过程有更加清晰的认识，就要对政策执行中对政策目标达成影响的因素进行分析和研究，优化政策执行这一过程，从而实现更好的执行。

二、扶贫政策

(一) 贫困的概念

国内外关于贫困的概念有很多，从单维贫困到多维贫困、从客观贫困到主观贫困、从收入贫困到能力和权利贫困（陈劲 等，2018）。比较经典的定义有以下几个：英国的奥本海默认为贫困是"指物质上的、社会上的和情感上的匮乏"[①]；世界银行在《1990年世界发展报告》中提出，贫困是"缺少达到最低生活水准的能力"[②]；同样从能力的角度来对贫困进行定义的还有阿玛蒂亚·森（1981），他认为贫困不仅只是经济收入低的表现，而且还是对贫困人群基本的"可行能力"的绝对剥夺，据此他提出"能力贫困"的概念；经济学家舒尔茨提出，贫困是"作为某一特定社会中特定家庭的特定的一个复杂的社会经济状态"[③]。我国国家统计局关于贫困研究的课题组将贫困界定为"贫困一般是指物质生活困难，即一个人或一个家庭的生活水平达不到一种社会可接受的最低标准"[④]。综合这些定义来分析，贫困是一种匮乏的状态，这种匮乏可能是物质的匮乏也可能是能力的匮乏或权利的匮乏。贫困可以分为绝对贫困和相对贫困，彼特·阿尔柯克（1993）认为绝对贫困是一个客观的标准，是延续生命的最低需求，而相对贫困则是一个比较主观的标准，主要是对社会总体平均水平的测量。

① OPPENHEIM. Poverty: the facts [M]. London: Child Poverty Action Group, 1993.
② 世界银行. 1990年世界发展报告 [M]. 北京：中国财政经济出版社，1990.
③ 舒尔茨. 经济增长与农业 [M]. 北京：北京经济学院出版社，1991.
④ 唐钧. 中国城市居民贫困线研究 [M]. 上海：上海社会科学院出版社，1998：15.

我国政府在制定政策时，按照贫困程度区分了绝对贫困、相对贫困和深度贫困的概念。绝对贫困指的是不能满足特定基本生活（生存）所必需的食物、非食物的最低费用，即收入或消费达不到某一固定标准。具体标准是：每天热量 2 100 大卡，对应 1 斤米面、1 斤菜、1 两肉或蛋。2011年，世界银行以 1.9 美元/天作为绝对贫困线的标准，我国考虑到义务教育、基本医疗、住房安全这三方面的基本保障，在世界银行标准上上浮20%，将绝对贫困标准制定为约 2 300 元/年，每年按 6% 物价上涨计算。相对贫困则指的是一部分人相对另一部分人更为贫困，或一部分人的收入远低于平均水平的现象。深度贫困是指自然、经济、社会发展、公共服务、民生等方面在贫困地区中处于更加贫穷和恶劣的情况的地区。2020 年我国全面打赢脱贫攻坚战之后，我国区域性整体贫困得到解决，绝对贫困已全面消除。

综上，从贫困这个词的本身来看，贫困是因贫而困，是一种匮乏导致某种困难的状态。它是一个过程同时也是一个结果。据此，本书根据我国扶贫政策中对"贫困"的定义和扶贫的依据，将"贫"具体分类为物质之贫、精神之贫和能力之贫；将"困"具体分为绝对之困和相对之困。因此本书认为"贫困"是物质、精神和能力的绝对匮乏导致贫困主体的客观生活难以为继，或者是物质、精神和能力的相对匮乏导致贫困主体的主观认知受挫。前者是一种绝对贫困，后者是一种相对贫困。2020 年我国全面打赢脱贫攻坚战之后，我国区域性整体贫困和绝对贫困问题得到解决，绝对贫困已全面消除。因此本书采取绝对贫困的概念作为研究基础，即贫困是物质、精神和能力的绝对匮乏导致贫困主体的客观生活难以为继的客观状况。

（二）扶贫的概念

"扶贫"在国内外的学术研究中有很多种表述：第一种是减贫（poverty reduction），强调减少导致贫困现象发生的因素；第二种是缓贫（poverty alleviation），强调对贫困程度的减轻和缓和；第三种是反贫困（anti-poverty），意在对贫困现象的杜绝；第四种是消除贫困（poverty eradication），意在完全根除贫困的发生。在我国政策制定中，还有脱贫的表述，脱贫是扶贫的结果表征，是扶贫的最终目的，即帮助贫困者彻底摆脱贫困陷阱，脱离贫困。"扶贫"的概念是中国语境下提出的，严格说来应该是"扶贫开发"，是我国从 20 世纪 80 年代开始进行的一系列旨在消除绝对贫困、解决贫困人口温饱问题的大规模扶贫开发工作的统称。有学者认为扶贫是"有关政府部门或者社会组织通过制定政策、输入资源、加强投资和发展教育等行为，从而使贫困地区或者贫困人口脱离贫困的行为或活动"①。但是中国语境下的扶贫主要还是以政府为主导，其他企事业单位、社会组织、非政府组织、民间群团组织等都是在公共政策的指导下有序、有据地开展扶贫活动。

根据上文，本书将"贫"具体分为物质、精神和能力的匮乏，因此要扶贫，就要从物质、精神和能力的帮扶做起，这一点与党的十九大报告提出的"坚持大扶贫格局，注重扶贫同扶志、扶智相结合"② 相吻合。其中，扶贫对应物质帮扶，扶智对应能力帮扶，扶志对应精神帮扶。扶贫是一个时空观念，帮扶对象和标准都具有时空差异，在不同时期的扶贫工作的重点是不同的。本书的扶贫主要指的是在政府的主导下，其他社会组织、群团组织和企事业单位在政策指导下积极参与，从物质、精神和能力层面对贫困地区和贫困人群进行帮扶。

（三）扶贫政策的概念

根据上文对贫困和扶贫的概念界定，本书认为"扶贫政策"指的是帮助全国处于绝对贫困标准下的农村贫困人口的人均可支配收入达到 2 300 元/年，同时稳定实现不愁吃、不愁穿，义务教育、基本医疗和住房安全有保障，即"两不愁三保障"的一系列政策，其目的是从物质、精神和能力层面对扶贫对象进行扶贫、扶智和扶志，力争消除绝对贫困，为顺利实施乡村振兴战略、实现共同富裕打下扎实的基础。

---

① 何绍辉. 贫困、权力与治理 [D]. 武汉：华中科技大学，2011：19.
② 习近平. 习近平代表第十八届中央委员会向党的十九大作报告（全文）［R］. 北京：2017.

第二节　理论基础

本书的理论基础为政策网络理论、整体性治理理论和能力贫困理论。这三大理论主要从政策执行、基层治理和反脱贫三个层面为后文构建扶贫政策执行影响因素分析框架提供理论依据。在政策执行层面来看，我国基层的扶贫政策执行不仅是一个政策执行的过程，实质上也是一个基层治理的过程。要从理论层面对我国基层政策执行的影响因素及其影响路径进行深入探讨和阐释，就要从政策执行、基层治理和反贫困三个层面来寻求理论支撑。因此，本书将从政策网络理论、整体性治理理论和能力贫困理论三个方面来阐释。

一、政策网络理论

从政策执行研究发展阶段来看，现阶段的政策执行处于整合视角研究阶段，在研究内容上主要聚焦于政策网络和治理等主题。在我国的基层扶贫政策执行中，政策网络理论（除了去中心化特征以外）能够比较好地解释基层干部如何与末梢政策执行者（基层自治组织）、政策对象和利益相关者进行互动、协商，并相互妥协，从而达成一致行动的过程，集中体现了我国基层民主协商、共同商议的过程，能够进一步印证政策网络在政策执行过程中的中介影响作用。

（一）政策网络理论的缘起

西方政策科学研究对"网络"的关注起源于政策执行研究的发展和深化。20世纪六七十年代，美国学者开始使用"亚政府"（sub-government）的概念来阐释利益集团、国会议员和政府官员在政策决策中的垄断、结盟和支持制度。西奥多·罗威将这种密切、排他的合作关系比喻为"铁三角"（iron triangle）[1]。这种三角关系是一种通过利益和资源互换形成的存

---

① HOWLETT M，RAMESH M. Studying public policy：Policy cycles and policy subsystems［M］. Toronto：Oxford University Press，1995.

在于政府之外的非正式网络，并对公共政策决策产生一定的影响，因此被视为关于政策网络研究的萌芽。随着政策科学研究的日渐成熟、公共事务各个部分和功能的逐渐分化，传统的将政策过程层次分为政策议题、方案和政策的分析方式不再符合日益分化的政策决策部门和决策过程。20世纪70年代起，各种非政府组织和团体对公共事务的参与愈发频繁，参与政策过程的各主体在利益博弈过程中，对信息资源的交换也更加迫切，从而形成了各种利益协调关系来实现信息资源的交换。

在此基础上，"网络"逐渐成形。基于这样的现实情况，社会学的网络分析方法逐渐被引入政策科学研究中。罗坎（Rokkan，1969）首次在其研究中提出"网络"一词来说明决策结构的重要性；弗兰德等引用社会网络相关研究，提出地方政府的"决策网络"[①]；卡赞斯坦在其著作《权利与财富之间》首次提到"政策网络"[②] 这个概念，用以定义经济政策制定过程各行动者之间通过合作并建立起来的相互依赖关系；同年，赫克罗提出"政策议题网络"[③]，试图以此解释存在于正式决策系统之外的非正式决策组织之间的协调结构关系，以此来取代封闭传统的"铁三角"的政策决策研究视角。早期的政策网络萌芽于政策决策的研究之中，致力于填补宏观理论和微观行为之间的研究空隙，试图从一个更加精准的视角来解析政府机构和利益集团之间的复杂关系。20世纪80年代后，其他领域也开始出现大量运用网络分析和结构方法的研究成果，政策网络的运用范围也从政策决策拓展到了政策执行领域。

（二）政策网络理论的内涵及特征

根据社会学的定义，"网络是任意行动者的联结"[④]，显示出一种明显的去中心化特征。有的学者主要从社会关系的视角出发，提出政策网络是

① FRIEND J K，POWER J M，YEWLETT C J L. Public planning：The inter-corporate dimension [M]. London：Tavistock Publications，1974：26.

② KATZENSTEIN P J. Between power and plenty：Foreign economic policies of advanced industrial State [M]. Madison：University of Wisconsin Press，1978：19.

③ HECLO H. Issue networks and the executive establish-ment [C] //In A King（Ed.），The new American political system. Washington：American Enterprise Institute For Public Policy，1978.

④ PODOLNY J M，PAGE K L. Network forms of organization [J]. Annual review of sociology，1998（24）：57-76.

反复出现的社会关系，但这种关系对比社会关系而言是非正式化的、有限制的；也有学者从公私领域出发进行界定，认为政策执行网络说明在公共政策领域中存在大量公共或私人行动者；也有学者从资源关系出发，对政策理论进行定义，将政策网络视为源于资源依赖关系而结成的组织集群（胡伟 等，2006）；亨利也从资源视角出发，认为政策网络是"在政策系统或决策过程中，行为者围绕特定的议题，形成的一种资源交换和合作的互动模式"①。目前在学术界为学者们所普遍接受的比较权威的政策执行网络的定义来自罗兹。罗兹继承了本森的概念，主要也从资源关系的角度来解构政策网络的概念，他提出政策网络是"一群或若干群组织因资源而相互联结在一起的联合体"②。罗兹将政策网络研究分为宏观、中观和微观三个层面，微观层面的理论主要以政策议题网络为主，中观层面的理论以次政府（sub-government）为主，宏观层面主要以新多元主义为主。

也有学者从地域视角对政策网络理论进行划分，认为美国是最早产生政策网络理论的国家，其研究视角以微观视角为主，研究内容以次政府和议题网络为主。英国的学者则主要从中观视角出发，注重对政策网络中的利益集团和政府部门之间的协调关系进行研究，并形成了两种观点：一种观点受到美国的政策科学影响，认为应重视对政策子系统和网络中人际关系的研究；另一种则以罗兹为代表，认为政策网络中最重要的构成部分是制度间的结构关系，并据此提出五种类型的网络，即政策社群、专业网络、府际间网络、生产者网络、议题网络。德国、荷兰等国家的学者则更倾向于从宏观层面对政策网络进行分析，主要是从国家、市场与社会主体的宏观层面来分析决策过程中的网络治理关系（朱亚鹏，2006）。埃文斯（Evans，2001）也从宏观、中观和微观的视角来划分政策网络理论，并提出中观的政策网络分析更为合理，因为其能够兼顾微观行动者和宏观结构的影响。

政策网络的主要理论特征有以下几点：第一，网络中各行动主体间的

---

① HENRY A D. Ideology, power, and the structure of policy networks [J]. Policy studies journal, 2011, 39 (3)：361-383.

② RHODES R A W. Policy network analysis [M]. New York：Oxford University Press Inc, 2006：426-428.

相互依赖性。各利益主体根据自身的利益需求及资源基础与其他主体进行交换进而发展出相互结盟的依赖关系。第二，政策网络具有去中心化的特征。在网络中没有中心，多元主体地位平等，通过资源交换过程相互影响并实现各自的目标和利益。第三，政策网络的行动者之间无论关系远近疏密，都维持着一种可持续的长效关系，因而受到网络里制度和行为准则的制约。

（三）政策网络理论模型

20 世纪 70 年代是政策网络研究逐渐成熟的年代，也是政策执行研究出现的年代，随着这两者的成熟和发展，政策网络也逐渐出现在政策执行研究中。有学者通过实证研究发现，地方的政策网络改变了政治文化，继而提高了法案执行力，从而提升了政策执行效果（Scholz，2006）。奥图尔一直致力于对"网络中的执行"进行研究，并构建了网络管理的政策执行模型。戈金从府际网络的视角提出的"府际政策执行沟通模式"，将影响政策执行的变量要素分为联邦/地方政府的诱导和约束、地方政府能力和地方政府输出的决定、地方政府政策执行。萨巴蒂尔的政策支持联盟框架也是政策网络中非常具有影响力的理论模型，而该模型也是政策执行整合研究途径中的代表性理论之一，由此可见政策网络研究在政策执行研究中已经取得丰硕的成果。

博雷尔基于定量和定性的研究方法，将政策网络研究分为两个流派：利益中介流派和治理网络流派。博雷尔的政策网络流派分类见表 3-1。从本质上说，网络理论通过不同利益集团和行动者之间的资源依赖关系和利益互补关系来解释政策执行的复杂性和政策执行结果的不确定性，将传统的政策执行分析方式转向对利益博弈的关注，体现了政策执行中利益主体的多元性以及多元主体参与执行的现实趋势。

表 3-1　政策网络流派分类①

	利益中介流派	治理网络流派
政策网络是分析性的工具	政策网络是国家或社会的关系类型	政策网络是公、私行动者在政策过程中非科层互动的模式
政策网络是理论途径	政策网络的结构是政策过程与政策结果的决定因素	政策网络是特定的治理形态

　　马什和史密斯从辩证的途径出发，认为政策网络能够影响政策结果，因此政策网络是能够提高政策执行效果的。政策网络与政策执行之间的关系，可以通过政策网络对政策结果的影响体现出来。马什（Marsh，1992）提出二者之间的三种关系：一是政策结果可能导致网络中行动者关系的变化或网络资源分配的平衡；二是政策结果可以削弱对网络中的特殊利益团体的影响和作用；三是政策结果会通过影响代理结构来影响网络。在此基础上，马什与史密斯提出了政策网络影响政策结果的模型（见图 3-1）。政策网络作为中介变量出现在模型中，该模型包括了行动者与结构的关系、网络与环境的关系、网络与政策结果的关系。该模型的主要内容是：①结构关系会影响网络结构和行动者的资源；②行动者的技能是天生的，但是行动者也可以通过学习获得这些技能；③网络互动主要表现在行动者在资源、技能、网络结构中的相互博弈；④网络结构反映了结构关系、行动者资源、网络互动与政策结果；⑤政策结果是网络结构和网络互动的结果，反之，政策结果也反映了网络结构和网络互动之间的关系。

---

　　① BORZEL T A. Organizing babylon：On the different conceptions of policy networks ［J］. Public administration，1998（76）：265.

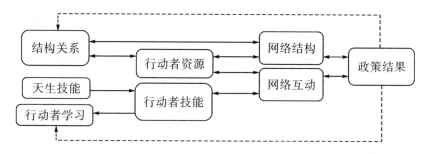

图 3-1　政策网络影响政策结果模型①

我国学者基于马什和史密斯的政策网络影响政策结果模型的三组关系构建一个分析框架，同时吸收罗德斯的"政策社群"和"议题网络"模型、利普斯基的"基层官僚自主性"模型，综合提出政策执行网络模型（宋雄伟，2014）。该模型（见图 3-2）主要是从"结构—行动者"政策执行研究的整合视角出发，从权力和资源的维度对政策执行的组织结构和基层执行个体进行分析，详细阐释政策执行网络中组织间的互动结构、基层行动者的作用、组织与基层行动者之间的互动关系。

综上，政策网络理论及模型对回应本书提出的关于扶贫政策执行主体影响因素研究线性化的问题提供了一个分析视角和理论基础，而且也契合了当下该研究领域对第三阶段整合途径的政策执行研究的追求。

从该模型可以看出，在一定的政策执行环境下，政策对象群体会受到政策执行主体（包括组织结构和个体行动者）行为的影响，继而影响政策执行结果。而在政策执行主体中，组织结构和个体行动者之间存在一种"结构—行动者"的相互影响和互动，在不同的价值、利益和信息资源、权力资源下，不同强度的结构会让个体行动者产生合作、抵抗或不作为的行为策略，进而影响政策对象群体。

① MARSH D，SMITH MARTIN. Understanding policy networks：Toward a dialectical approach [J]. Political studies，2000（48）：10.

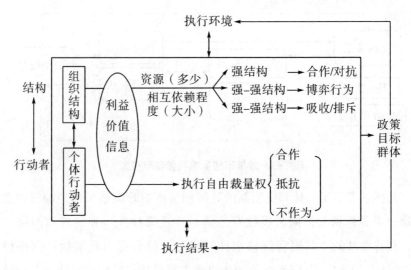

图 3-2　政策执行网络模型①

二、整体性治理理论

在基层治理层面来看，在政府基层扶贫治理的具体实践中，整体性治理理论视角对于解释同一层级中不同部门在政策上、治理行为上的协同合作有着比较强的阐释力。在压力型体制下，基层的扶贫政策得以有效执行并取得良好成效，并不仅依赖于高位推动的高压式政治运动，还得益于基层各部门之间的通力合作和优势互补。整体性治理理论为政府官僚组织内部碎片化的整合及其对政府治理带来的有效性提供了解释路径。

20 世纪 80 年代以来，社会结构日益分化，社会问题日趋复杂，在这样的现实情况下，政府在管理过程中面临着官僚体制碎片化带来的资源浪费、目标冲突、沟通受阻、各自为政等问题。在学术上，此时的新公共管理运动逐渐式微，学者们提出要打破政府和政府之间以及政府内部各部门之间的边界，以实现力量整合，信息技术的快速发展为政府组织和部门的整合提供了技术手段。在这样的背景之下，为走出碎片化治理困境，继传统官僚制、新公共管理之后的第三种公共行政范式——整体性治理理论应

---

① 宋雄伟. 政策执行网络：一种研究政策执行问题的理论探索 [J]. 国家行政学院学报，2014（3）：66-70，122.

运而生。佩里·希克斯首先提出了整体性治理，这让他成为该领域的代表性人物。

佩里·希克斯（Perri，1998）认为，整体性治理主要解决的是政府管理的碎片化（fragmentation）问题，碎片化会带来机构转嫁、项目冲突、重复浪费、目标冲突、缺乏沟通、无法有效回应公众需求、服务缺失等问题。为了走出碎片化困境，他提出整体性治理，主要包括以下内容：通过互动机制提供信息和信息搜寻服务，以顾客为基础和以功能为基础重建组织，一站式提供公共服务，建立数据库，重塑从结果到结果的服务，灵活的政府过程，可持续性（竺乾威，2008）。整体性治理理论强调以公民和服务为基础，重点通过官僚组织的重构、信息技术的运用和管理方式的改进，提高政府应对问题的灵活性和灵敏性。整体性治理理论在理念上更注重公私合作伙伴关系和央地关系，在政府运行上提倡整合型运作，在组织形态上倾向于一种网络式服务形态，其核心在于满足人民生活所需，注重治理结果，在权力分配上提倡扩大授权（彭锦鹏，2005）。

虽然整体性治理理论对新公共管理做了一定的修正，但其研究基础依然是马克斯·韦伯的官僚制组织体制。该理论致力于解决碎片化政府带来的问题，在某种程度上能够用于分析我国基层扶贫政策执行过程中各部门之间的协同合作及其促进政策执行的有效性。希克斯的整体性治理理论是基于三个研究假设提出的：第一，问题取向的政府机构更能有效解决问题；第二，有一些问题需要政府合作解决；第三，政府层级间和部门间的整合和合作是必要的（竺乾威，2008）。我国基层扶贫政策在执行过程中，确实对政府以及政府各部门的合作提出了新要求。而整体性治理理论对于作为我国政策执行主体的各级组织的不同部门之间在政策和行动上的横向协同合作，提供了理论阐释和支撑。

三、能力贫困理论

在贫困治理上，我国的扶贫工作旨在从贫困户的经济、能力和风险防控三个层面来实现其稳定性脱贫，以更好地巩固拓展脱贫攻坚成果。这种扶贫方式从理论上来看，其核心是针对"能力贫困"而提出的治贫方案。

能力贫困理论提出，"授人以鱼不如授人以渔"式的治贫方式正是通过解决"能力匮乏"从而提高贫困人群的人力资本和可持续生计能力，以此实现脱贫成效的可持续性和脱贫人群的可发展性。因此能力贫困理论可以为我国的扶贫政策做有力的理论支撑。

（一）能力贫困理论的缘起

能力贫困理论是经济学家阿玛蒂亚·森（Amartya Sen）在传统福利经济学研究中提出的贫困理论，对当今世界上的脱贫实践具有非常重要的参考意义和价值，也影响了全球诸多反贫困政策的制定和实施。初期的能力贫困论起源于 18 世纪，这个时期的学者们强调的是劳动在财富创造中的重要作用，同时也意味着确立了人在经济活动中的重要地位。1776 年，亚当·斯密在《国富论》中将人的技艺和能力归为社会的固定资本，认为通过教育而学习到的技能是能够产生经济价值的。在这个阶段，人们开始逐渐重视个体能力在促进生产力发展和经济发展中的重要作用。马克思创造了马克思主义经济学，其理论基础为古典经济学中的劳动价值论，提出经济活动的核心是人和劳动。马克思关于人的全面发展观也指出"作为目的本身的人类能力的发展，这种能力应理解为一个人身体及活的人肉体的能力和精神能力或者其自身体力和智力的总和"[①]。由此可见，早期的能力贫困理论更多强调的是个体的劳动生产能力在经济发展中的重要作用，由于时代和背景的限制，那时候的劳动倾向于"体力劳动"，人的才能在很大程度上指的是技能。虽然如此，亚当·斯密还是提出了通过教育提升个体能力在经济活动中的重要价值和意义，自此人们开始重视教育投资的经济价值和利益。

（二）能力贫困理论的内涵

阿玛蒂亚·森认为，要对贫困问题有更深入的认识，不仅要从收入层面入手，还要从贫困者的生存状态来进行分析和研究；不仅要关心收入差距表现出的相对贫困问题，更要关心贫困群体的绝对贫困问题。他"意在

---

① 马克思恩格斯文集：第 5 卷 [M].中共中央马克思恩格斯列宁斯大林著作编译局，译.北京：人民出版社，2009：95.

构造一个理论及实证的框架，以便从能力剥夺的角度分析贫困"①。阿玛蒂亚·森在长期研究世界饥荒和贫困问题并进行大量实证研究的基础上，提出了"可行能力"（capability）的概念。他认为"可行能力"是指一个人"有可能实现的、各种可能的功能性活动的组合。因此可行能力是一种自由，它是实现各种可能的功能性活动组合的实质自由，直白地说，就是实现各种不同的生活方式的自由"②。而对贫困人口的"可行能力"的剥夺就是导致贫困的主要成因；因此，森提出"如果我们把注意力从排他性地集中考虑收入贫困，转到考虑更包容的可行能力的剥夺，我们就能按照一种不同的信息基础来更好地理解人类生活的贫困和自由"③。

森对能力贫困理论的论述，集中反映在他的《贫困与饥荒》（*Poverty and Famines*）一书中。在这本书中森首次用权利分析方法来研究"能力贫困"与饥荒之间的关系，他认为饥荒并不都是不可避免的天灾，人为的能力剥夺也是导致饥荒的本质原因。森认为贫困可以用可行能力被剥夺来合理识别，贫困是基本"可行能力"被绝对剥夺，并据此提出了"能力贫困"的概念（杨立雄 等，2007）。森将贫困定义为对人们可行能力的剥夺，标志着西方学术界对贫困概念的界定从单一的收入维度向多元的可行能力维度的转变，从比较收入向比较能力的转变，可见森的能力贫困理论在反贫困研究中的重要影响。

（三）能力贫困理论的运用

阿玛蒂亚·森的能力贫困理论不仅在反贫困理论中具有重要意义，甚至对全球的反贫困事业都产生了深远的影响。联合国开发计划署（UNDP）在 1997 年的《人类发展报告》中明确提出"人文贫困"这一新的贫困指标。贫困指标主要由寿命的剥夺、知识的剥夺和体面生活的剥夺三个指标构成。2001 年，世界银行的报告也着重从"能力"的角度来探讨贫困的成

① 王春萍，刘玉蓓，王满仓. 可行能力贫困理论及其衡量方法研究 [J]. 生产力研究，2006（9）：17-19.

② 阿玛蒂亚·森. 以自由看待发展 [M]. 任赜，于真，译. 北京：中国人民大学出版社，2002：62.

③ 阿玛蒂亚·森. 以自由看待发展 [M]. 任赜，于真，译. 北京：中国人民大学出版社，2002：14.

因并制定相应的减贫策略。2003 年，《人类发展报告》明确提出了六条摆脱贫困陷阱的政策组合思路，其中的核心思想在于提高人们的可行能力和改善社会发展环境，如通过投资卫生保健、教育、饮水等设施来培育一支社会参与性强、劳动生产率高的劳动力队伍（UNDP，2003）。

阿玛蒂亚·森的"能力贫困论"说明了贫困和能力之间的关系，提出贫困是多维度因素共同作用的结果，要消除贫困，就要通过提升教育水平、健康医疗水平、社会文化水平等多元途径来提升贫困人口的综合素质和可行能力，这与我国脱贫攻坚战略中提出的"扶贫扶智扶志"有着异曲同工之妙。

第四章　基于扎根理论的扶贫政策执行影响因素探索

　　根据第一章研究方法的设计，本书运用的是"质性—量化顺序"的混合方法研究。首先以质性研究方法的文本分析探索出影响凉山州扶贫政策执行的各个因素，并根据既有理论基础和访谈材料提出与影响因素相关的影响路径假设；其次用量化研究方法对影响路径假设进行实证分析和验证。因此，本章以扎根理论的质性研究方法，对凉山州若干脱贫村进行实地调研，并对相关人员进行深度访谈，目的是挖掘出影响当地扶贫政策执行成效的因素变量，在政策网络理论、整体性治理理论和能力贫困理论和访谈材料的基础上提出与各变量相关的假设。本章首先在对扎根理论研究方法、流程及选择依据做详细介绍的基础上，对该方法在本书中的运用进行可行性和必要性分析；其次为扎根理论方法的应用进行研究设计，主要包括应用的总体思路、研究对象选择和操作步骤，再通过开放性编码、主轴编码、选择性编码这三级编码，以三大理论为依据剖析出影响扶贫政策执行的因素，并通过理论抽样完成理论饱和度检验；最后结合三个理论基础和访谈材料提出研究假设，为下文实证分析各影响因素的影响路径提供前置步骤。

第一节 扎根理论研究方法及一般流程

一、扎根理论研究方法

扎根理论是由格拉泽和施特劳斯提出的一种从资料中建立理论的特殊方法论，是一种"源于质性资料分析的理论建构"①。其理论基础是社会学中的符号互动论②（其实质也是一种建构主义）和社会学中的实用主义。国内外诸多学者都将扎根理论视为一种后实证主义的研究范式（科宾 等，2015）。陈向明首次将扎根理论的研究方法引入我国的教育学研究领域，将这种方法概括为"一种从下往上建立实质理论的方法"③。之后，扎根理论逐渐进入社会科学其他学科的研究中。李志刚（2007）对扎根理论在社会科学研究中的具体运用流程、分析步骤和案例运用进行了详细解析，认为该研究方法适用于现有理论体系很难有效解释的实践现象领域或者存在理论空白的全新现象领域。张敬伟和马东俊（2009）对扎根理论在管理学领域运用的逻辑思维和重要特点进行了更深入的探讨。王璐和高鹏（2010）从纵向和横向两个维度对管理学中适用扎根理论建构理论的情景进行了总结，即"探讨组织内部各种事件的发展阶段以及不同事件之间的因果关系"的研究和"以往研究存在争议或者没有研究先例的特定问题"④的研究都适合使用扎根理论进行理论建构。贾哲敏（2015）在既有研究成果的基础上，对扎根理论在公共管理学中的具体运用和实践进行了更加具体和详细的阐述，提出四类适合扎根理论研究的公共管理领域研究议题，即因素识别类问题、解读过程类问题、分析不易掌握的问题以及对新生事

---

① GLASER B, STRAUSS A. The discovery of grounded theory [M]. Chicago：Aldine，1967.

② 符号互动论（symbolic interactionism）是一种社会学理论，认为个体的互动创造了世界，反过来世界又塑造了个体行为，它有助于了解社会如何通过个人之间的反复互动而得以创造。（来源：Wikipedia-Symbolic interactionism。）

③ 陈向明. 扎根理论的思路和方法 [J]. 教育研究与实验，1999（4）：58-63，73.

④ 王璐，高鹏. 扎根理论及其在管理学研究中的应用问题探讨 [J]. 外国经济与管理，2010，32（12）：10-18.

物的探索性研究。

　　扎根理论的研究路径基于自下而上的归纳式逻辑，与量化研究的自上而下的演绎式逻辑路径相反，它遵从原始资料，需要研究者以个人的经验和理论敏感性从中发现并定义概念和范畴，最终构建理论。扎根理论的研究目的并不是验证假设，而是发现新的概念、类属，并最终构建新的理论。扎根的过程就是对所收集或转译的文字资料进行分解，指认现象，将现象概念化，再以适当方式将概念重新抽象、提升和综合为范畴以及核心范畴的操作化过程，具体包括质性研究资料的准备及分析、编码并形成核心范畴、不断进行理论抽样直至理论饱和、建构理论并进行评价（见图4-1）。

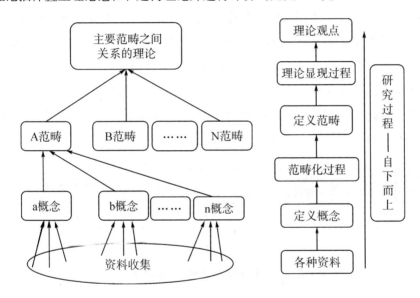

图4-1　扎根理论的归纳式思维研究过程①

　　编码（coding）是扎根理论的核心，科宾（2015）将其定义为从原始资料中提取概念并在这些概念的属性和维度上进一步发展类属（categries）的方式。编码的具体操作程序主要包括开放式编码、主轴编码和选择性编码（陈向明，1999），但编码不一定只局限于这三级，也可以是四级甚至更多。开放式编码为建构理论提供基础的概念和类属，主轴编码则在这些

---

　　① 张敬伟，马东俊. 扎根理论研究法与管理学研究 ［J］. 现代管理科学，2009（2）：115–117.

既有概念和类属间发现并建立关联，选择性编码将最终确定核心类属并形成核心范畴，建构理论。在编码过程中，不断进行概念和概念、事件和事件之间的比较是非常重要的，并且理论抽样贯穿整个研究直至理论饱和，即不再出现新的类属为止。编码也是本书主要运用的操作方法，试图以此来完成对研究变量的探索，并提出研究假设。

二、扎根理论的研究流程

在现有的关于扎根理论的研究中，存在至少三种版本的扎根理论程序：格拉泽（Glaser）和施特劳斯（Strauss）的原始版本、施特劳斯（Strauss）和科宾（Corbin）的程序化版本、查美斯（Charmaz）的构建型版本。学界对这三种扎根理论版本的选择尚缺乏共识（费小冬，2008）。目前国内学者对扎根理论的一般研究流程达成共识并运用最多的是 Pandit 的扎根理论一般流程。其主要流程为：文献回顾—选择个案—收集并整理资料—编码（三级编码）—形成研究结论—理论饱和度检验—研究结束（见图 4-2）。

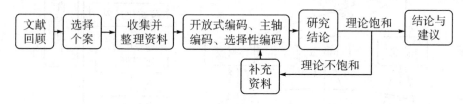

图 4-2　扎根理论研究的一般流程[①]

在具体操作中，扎根理论会以图 4-2 中的一般流程为基础进行扩充，因此其在研究实践中的流程步骤更为详细和复杂。王璐和高鹏在 Pandit 的一般流程基础上，对扎根理论在管理学研究中的具体操作步骤进行了深入解析，以七个步骤来绘制扎根理论的具体操作方法流程（见图 4-3）。本书将以该步骤作为参考来进行扎根研究，以构建扶贫政策执行影响因素的分析框架。

① 李志刚. 扎根理论方法在科学研究中的运用分析 [J]. 东方论坛, 2007 (4): 90-94.

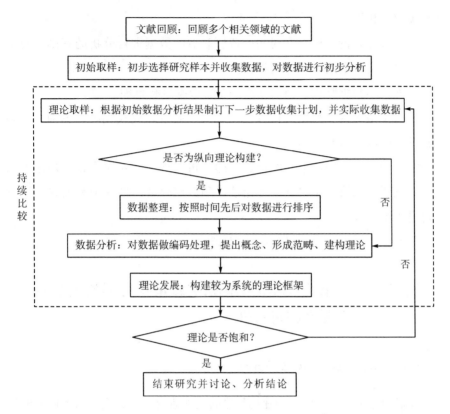

```
┌──────────────────────────────────────────┐
│  文献回顾：回顾多个相关领域的文献          │
└──────────────────────────────────────────┘
                    │
┌──────────────────────────────────────────┐
│  初始取样：初步选择研究样本并收集数据，对数据进行初步分析  │
└──────────────────────────────────────────┘
```

持续比较

理论取样：根据初始数据分析结果制订下一步数据收集计划，并实际收集数据

是否为纵向理论构建？　　否

是

数据整理：按照时间先后对数据进行排序

数据分析：对数据做编码处理，提出概念、形成范畴、建构理论　　否

理论发展：构建较为系统的理论框架

理论是否饱和？

是

结束研究并讨论、分析结论

图4-3　扎根理论研究的具体操作流程①

第一步是文献回顾，即为了确定研究问题而进行文献综述，大致掌握既有研究基础并提出研究问题。

第二步是初始取样，即进行初步调研并收集数据。在扎根研究中"一切皆为数据"②，扎根理论中的数据包含一切，包括既有文献、研究者自身的经验、研究对象的观点和个人经历、调研所获取的访谈资料、备忘录等各种资料，"新闻报道、访谈文本、内部文件、深度观察记录等都可以作

①　王璐，高鹏. 扎根理论及其在管理学研究中的应用问题探讨［J］. 外国经济与管理，2010，32（12）：10-18.

②　费小冬. 扎根理论研究方法论：要素、研究程序和评判标准［J］. 公共行政评论，2008（3）：23-43，197.

为数据来分析"①。

第三步是理论抽样，在对初始调研获取的数据进行分析的基础上对下一步数据收集计划的实施进行抽样。

第四步是数据整理，对所获得的基础数据进行整理。

第五步是对既有数据进行分析、编码，通过开放式编码、主轴编码和选择性编码确定核心范畴。

第六步是进行理论饱和度检验，即不再出现新的类属为止，理论若未饱和，就要回到第三步再进行理论抽样和数据收集，理论饱和度检验通过方可进入下一步。

第七步是结束研究，进行讨论和分析。

第二节　应用扎根理论挖掘扶贫政策执行影响因素的必要性和可行性

一、选择扎根理论的必要性分析

扎根理论是一种从资料中建构理论的质性研究方法，遵循自下而上的逻辑路径，属于后实证主义研究范式。它是一种探索性研究方法，而不是验证性研究方法。扎根理论的适用并不在乎样本的多少和大小，只要求该样本具有其显著特征和差异性。基于这些特点，扎根理论适用于两种研究：一种是用于分析和探索尚未研究过的新领域或者新问题，用以产生新的理论；另一种是用于具有本土化特征的研究，这种研究往往具有鲜明的特征和差异性，无法利用既有理论框架进行分析和解释，因此需要实地调研和扎根研究发现符合本土特征的研究变量。结合本次研究对象凉山州扶贫政策执行的特点，选择扎根理论具有充分的必要性。理由主要有以下三个：

第一，政策执行研究转向后实证主义。通过政策执行研究的文献综述发现，现有的政策执行研究处于整合视角阶段，提倡后实证主义研究范

---

① 王璐，高鹏. 扎根理论及其在管理学研究中的应用问题探讨 [J]. 外国经济与管理，2010，32 (12)：10-18.

式，扎根理论契合当下政策执行研究甚至政策科学研究对后实证主义研究方法的追求（贾哲敏，2015）。因此，扎根理论正好契合当下政策执行的研究范式转变，在研究范式上提供了充分的方法论依据。

第二，在研究对象上，凉山州作为全中国最大的彝族聚居区，地处横断山系东北缘，在风俗习惯、社会传统、人文环境、自然环境上和其他地区相比具有非常大的差异性和显著性特征，既有影响因素难以直接用于研究该地区扶贫政策执行。该情况正好契合扎根理论适用于本土化研究的特点，为本书采用扎根理论提供了更加具体的必要性理由。

第三，在研究问题上，扎根理论"并不像在量化研究中那么重视结构化"[①]，一般都以一个比较宽泛的研究问题开始，而扶贫政策执行影响因素正是一个比较宽泛的问题，需要从复杂性实践中发现并提取对政策执行有正面影响或负面影响的核心要素，正好适用该研究方法。具体来说，也有学者提出公共管理领域的因素识别问题适用扎根理论（贾哲敏，2015），本书的研究主题正是公共管理领域政策执行议题下的影响因素研究，从这个角度来看也是适用扎根理论的。

二、选择扎根理论的可行性分析

笔者既有的研究基础和经验、能力资源和硬件资源，以及技术条件，都说明本书采用扎根理论研究具有充分可行性。

（一）能力可行性

在个人能力上，笔者对凉山州脱贫攻坚政策实施带来的巨大变化有深切感受，且熟悉彝汉双语，熟悉彝族地区的风俗人情和习惯，在调研过程中具备与当地村两委和脱贫对象直接交流的能力。在研究基础上，笔者长期关注凉山州的基层治理问题，尤其是从政策科学的角度对当地的贫困治理相关议题做过调查研究，有一定的理论和实践积累，对当地基层执行的各种相关政策较为熟悉，而且对凉山州的扶贫政策执行现状也有比较长期和充分的观察，这为此次在凉山展开实地调研、深度访谈和问卷调研提供

---

① 科宾，施特劳斯. 质性研究的基础：形成扎根理论的程序与方法 [M]. 3 版. 朱光明，译. 重庆：重庆大学出版社，2015：21.

了支撑。此次调研具备所需的物质条件和交通条件，能够充分保障调研的顺利开展。综上，笔者对凉山州开展扶贫政策执行影响因素实证调研和扎根研究具备充分的能力可行性。

（二）资源可行性

扎根理论强调从大量研究资料（尤其是文献资料）中概括抽象出核心范畴。在研究资源上，扎根理论需要的资料具体包括"传记、日记、文档、回忆录、手稿、录音、报告、手册，以及其他可以用作原始材料的材料或补充访谈和田野观察记录的材料"这一类"非技术性文献"①。笔者通过调研收集了大量与扶贫政策执行相关的文件、报告、专著和访谈材料，主要包括：四川省/凉山州/调研县（乡、村）各级政府及相关部门的官方材料；在调研地区（县、乡、村）进行实地调研获取的访谈录音、个人撰写的备忘录、访谈日记等。此外，通过其他途径获取我国扶贫政策执行的相关学术专著、访谈录、政府内部政策选编等资料。本研究所具备的研究资料和扎根理论所要求的研究资料相一致，具备了研究资料可行性。

（三）技术可行性

本次研究首先需要通过在凉山州的实地调研和深度访谈获得大量原始材料，直至理论饱和为止，然后通过扎根理论三级编码，最终发掘出核心范畴，并将其作为影响因素变量，在此过程中需要使用编码辅助软件 Nvivo 12.0 plus。笔者具有运用编码辅助软件 Nvivo 12.0 plus 进行质性研究的经验，因此具备扎根理论研究的技术条件。对各因素的影响路径进行进一步实证分析，需要收集和处理大量调查问卷数据。具体为要在凉山州全域进行问卷调研，以问卷数据为基础进行探索性因子分析（用社会统计学软件 Spss 操作）、验证性因子分析和结构方程模型（使用结构方程模型软件 Amos 和 Mplus 进行操作），检验该模型中各变量间的关系及模型中的逻辑路径，而笔者具备 Spss、Amos 和 Mplus 软件的使用经验，因此在研究的操作技术上具有充分可行性。

---

① 科宾，施特劳斯. 质性研究的基础：形成扎根理论的程序与方法 [M]. 3 版. 朱光明，译. 重庆：重庆大学出版社，2015：21.

第三节　凉山州扶贫政策执行影响因素维度构建的思路与步骤

一、扎根研究的总体思路

下面将按照上文所述的扎根理论方法的逻辑路径、操作流程和详细步骤，设计本书的整个研究过程。

第一，进行文献的查找、阅读和综述，对既有研究成果有所了解，为下一步工作中拟定访谈提纲打下扎实的材料基础。

第二，做好调研前的准备工作。包括制订可操作的调研方案，准备调研函，根据扶贫政策执行内容及初步调研计划，针对不同类型访谈对象拟定访谈提纲；根据县级分管农业农村工作的领导、乡镇领导、驻村第一书记、驻村帮扶队员、村两委、监测户这几类人群，针对政策执行主体和政策对象拟定 4 份访谈提纲；对 5 位基层干部和村级干部进行预访谈，对访谈提纲进行修改。

第三，确定抽样方法及调研地区，并进行调研。笔者采用漏斗形抽样策略对调研地区进行抽样，通过三轮理论抽样，将调研区域从凉山州聚焦到样本县再聚焦到样本村，最终采用非概率抽样法确定村一级的访谈对象。调研与访谈历时两个月。

第四，整理原始材料。调研结束后对原始数据进行整理和分析，并撰写备忘录，最终形成原始访谈材料。

第五，对资料进行编码。通过开放性编码、主轴编码和选择性编码，不断比较概念和概念之间、类属和类属之间的关系，在关系指向不明确或者出现新的概念和类属时采用电话访谈的方式对当事人进行回访，直到不再有新的概念和类属出现，达到理论饱和为止；进而通过核心类属确定影响因素维度，获得研究结论。

二、研究对象选取

(一) 凉山州在脱贫攻坚时期的贫困情况

本书研究的主要问题是我国脱贫攻坚时期扶贫政策执行过程中，有何影响因素阻碍了政策执行，又有何影响因素促进了政策执行。因此，选择具有代表性的脱贫地区作为研究对象能更好地体现样本的独特性，获取具有代表性的研究结论。在脱贫攻坚时期，我国曾确定的深度贫困地区为"三区三州"。"三区"指西藏、四省涉藏地区、新疆南疆四地州，"三州"指甘肃临夏州、四川凉山州、云南怒江州，涵盖了四川省甘孜州、阿坝州和凉山州的藏族、彝族聚居区。这些区域在历史文化、经济发展、社会发育等方面有很强的共通性。凉山州是全国曾经的深度贫困地区之一，是典型的直过民族①地区、区域性整体贫困地区。

凉山州曾经的贫困是一种原始的贫困。1941 年，国立西南联合大学化学系教授曾昭抡担任国立西南联合大学川康科学考察团团长，从昆明出发，前往大凉山夷区（过去称"彝区"为"夷区"）进行科学考察。在考察结束之后，他撰写了《大凉山夷区考察记》（1945 年 4 月）。在这本书（本书参考的是 2012 年版）中，对于凉山地区的神秘和进入的艰难，他写道：

"以前在中国境内，凡是一般人难于通行的地方，只有三种人能去。一种是邮差，一种是商人，一种是外国人……对于凉山夷区，这几类在别处仿佛享有特殊权利的人，就一齐都没有办法。凉山区域，始终就没有通过邮政……打开邮政地图一看，四川省境，此区是一片空白……西洋探险家的足迹，到过蒙古草原，去过青海高地，入过富饶的新疆，进过神秘的西藏。走遍了木里、江心坡等等边疆民族居住的区域。可是他们对于大凉山，始终有点'望洋兴叹'、'裹足不前'。"②

对于凉山地区的经济状况和生活情况，曾昭抡在书中如此写道：

---

① "直过民族"特指新中国成立后，未经民主改革，直接由原始社会跨越几种社会形态过渡到社会主义社会的民族。

② 曾昭抡. 大凉山夷区考察记［M］. 段美乔，整理. 北京：中国青年出版社，2012：65-66.

"凉山地方，过于高寒，出产殊欠丰富。加以倮夷文化程度甚低，不知如何尽量开发。因此他们所过生活，乃为一种原始的艰苦与简单生活。其与一般边地汉人生活水平的差别，甚至超过后者与欧美人士所享受之差别。他们所过的生活，至少是相当于几百年前的中古时代。我们甚至可以讲，说他们过着一种近似上古时代的原始生活，乃是更近于事实。"[①]

从曾昭抡的描述中，我们对凉山地区贫困的根源和从古至今的状况能够知解一二，其中很关键的一个就在于"原始"二字，社会发育程度不高，文化程度落后，造成了凉山地区的贫困，因此这是一种"原始的贫困"。现如今，除了当地贫困人口思想观念落后的因素之外，贫困、疾病、落后，各种复杂而原始的问题在这里交织纠缠在一起，形成了凉山地区脱离贫困陷阱的层层阻碍。凉山地区曾经的贫困状况，总结起来就是一句话——"整体的贫困、富饶的贫困、原始的贫困"。

（二）凉山州扶贫政策执行的有效性

凉山州曾经是全国典型的集中连片深度贫困地区之一，州内 11 个民族聚居县均为国家扶贫开发工作重点县。2014 年全国开展精准扶贫伊始，凉山州全州 17 县市中有 11 个民族聚居县为深度贫困县，经过精准识别、动态调整，累计建档立卡贫困人口 97 万，2 072 个贫困村中，深度贫困村达 1 350 个（贫困发生率 20% 以上）、极度贫困村 290 个（贫困发生率 50% 以上），发展严重不足，社会发育程度低，各种特殊社会问题交织叠加，成为全国脱贫攻坚中的难中之难[②]。凉山州的贫困程度深、范围广，造成贫困的原因复杂繁多，具有明显的"多因一果"的特征。凉山州的贫困属于"贫中之贫、困中之困"，既有历史、自然原因，又有社会原因，既受交通、产业、社会事业等发展滞后的严重制约，又受毒品、艾滋病等突出社会问题的综合影响，致使脱贫攻坚难度更大、任务更艰巨。2018 年春节前夕，习近平总书记亲临大凉山彝区腹地视察，做出一系列重要指示，并"对凉山寄予厚望"，全州各族干部群众受到巨大鼓舞。四川省委书记也先后四次到凉山州调研指导扶贫工作，举全省之力综合帮扶凉山州打赢脱贫

---

① 曾昭抡. 大凉山夷区考察记 [M]. 段美乔，整理. 北京：中国青年出版社，2012：98.
② 数据来源：凉山州人民政府。

攻坚战。

在党中央举全国之力为凉山州脱贫攻坚作全力奋战的大局之下，凉山州的脱贫工作取得令世人瞩目的成效。2020 年 11 月 17 日，省政府批准公告凉山州 7 个县退出贫困县序列，至此，全州已累计减贫 24.8 万户 105.2 万人，脱贫攻坚取得全面胜利。在各方面取得的具体成效如下：

第一，在基础设施建设上，凉山州通过彝家新寨、易地扶贫搬迁等安全住房建设项目，解决了大部分贫困群众的住房问题。凉山州易地扶贫搬迁计划一共安置了 7.44 万户 35.32 万人，建成住房 6.96 万户 32.8 万人，建成率达到 92.9%，搬迁入住 6.28 万户 29.32 万人，入住率达到 83%。完成农村危房改造 62.21 万户，让 353.78 万脱贫群众住上了通电通水、安全敞亮的"安心房"，老百姓千百年来的安居乐业梦想终于成真。"悬崖村"就是一个易地扶贫搬迁安置的样本，2020 年 5 月，悬崖村 84 户贫困户全部搬迁到昭觉县城集中安置点，从此结束了曾经"爬藤梯"的危险生活。

第二，在产业扶贫方面，在特色产业发展方面，凉山州坚持把扶贫产业作为脱贫攻坚的治本之策，着力发展特色优势产业，推行"一村一品"，扩大种养规模、提升产品品质、做长产业链条。现在每个贫困县都建有现代农业园区、每个贫困村都有集体经济，有力助推了脱贫地区加快发展。2020 年全省抽查的 33 361 户建档立卡户中，得到产业帮扶的占 92.67%，户均得到产业扶贫措施 3.7 项[①]。

第三，在就业扶贫方面，凉山州重点把劳务就业作为摆脱贫困的重要路径，2016—2020 年，凉山州累计向广东省输出务工人员 4.25 万人，其中贫困劳动力 3.67 万人，稳岗就业贫困劳动力达 2.55 万人，其中，佛山市对凉山州累计投入 24.51 亿元，实施项目 773 个，惠及贫困群众 43.27 万人次[②]。彝区群众争相外出打工，接受现代文明熏陶，起到了就业一人、改变一户、带动一片、影响一村的积极作用。

第四，在教育扶贫方面，凉山州以"义务教育有保障"为目标，将教

①　中共四川省委办公厅 四川省人民政府办公厅. 关于 2020 年脱贫攻坚成效考核情况的通报 [R]. 2021-05-27.
②　数据来源：凉山州东西部扶贫协作工作汇报，2020-12-17.

育扶贫作为贫困问题的治本之策。针对因户口登记错误、随父母外出务工寄读无学籍、少数家庭重男轻女等导致的失学辍学问题，凉山州集中开展户籍与学籍全覆盖比对，甄别认定出失学辍学少年儿童，对其全部劝返并接受义务教育或实施学业补偿。

第五，在健康扶贫方面，凉山州针对当地严峻的禁毒防艾实际情况，推进艾滋病防治和健康扶贫攻坚行动并取得显著成效，抗病毒治疗覆盖率从 48.94% 提升到 95.62%，治疗成功率从 65.66% 提升到 95.17%，母婴传播率从 6.93% 下降到 3.68%，11 项核心指标全面达标[①]。在扶志扶贫上，凉山州以扶志扶智作为激发内生动力的方式，从实施"板凳工程"[②] 开始，再到带领贫困地区群众开展"三建四改五洗"——建庭院、建入户路、建沼气池，改水、改厨、改厕、改圈，洗脸、洗手、洗脚、洗澡、洗衣服，从而极大改善了凉山彝区群众落后的生活习惯。

总体来看，凉山地区在我国扶贫政策执行影响因素的理论和实践研究中都具有鲜明的价值。它不仅能为扶贫研究者提供一个典型样本，还能为民族地区基层治理研究者提供一些参考和借鉴。因此，本书选取凉山州为研究对象。

三、研究主要操作步骤

（一）凉山州扶贫政策内容梳理

本节通过对凉山州已实施的扶贫政策进行梳理和总结，以熟悉凉山州的扶贫政策执行情况，并将其作为设计访谈提纲的基础参考资料。通过对凉山州既有的扶贫政策文件、政府工作报告、各类通知和工作方案进行梳理、分析，可以看到，凉山州的扶贫政策内容主要包括以下 8 个方面：

1. 补齐安全住房短板，改善贫困群众生活环境

住房安全扶贫针对州深度贫困地区存在"一方水土养不好一方人"、危旧住房较多等问题，把住房安全摆在优先位置。凉山地区最突出的问题

---

① 数据来源：凉山州艾滋病防治和健康扶贫攻坚行动工作汇报，2020-12-01.
② "板凳工程"指的是地方政府通过给彝族山区百姓家家户户免费发放小板凳的方式，来改变彝族人民传统的席地而坐的生活习惯，养成良好、卫生的行为习惯。

是住房安全保障。住房安全既是脱贫的基本标准，又是保障贫困群众生活的基本条件。主要扶贫方式包括：一是统筹推进贫困村新村建设工作。重点包括新村配套设施建设、建档立卡贫困户农村危房改造、彝家新寨建设等建设计划，完善相关安全住房政策措施和工作安排。在加强监督、严格验收、确保贫困户住房建设质量的基础上，统筹谋划、整合资源解决好临界贫困户的石板房、瓦板房、茅草房问题，强化住房安全保障。同时加强基础设施和公共服务配套设施建设，启动"1+N"村级公共服务中心建设，硬化农村公路，着力消除住房建设的交通瓶颈。二是实施易地扶贫搬迁专项计划。对居住在高寒山区、严重干旱缺水地区和地质灾害多发区的贫困群众，进行易地扶贫搬迁，可采用集中安置和分散安置的方式进行安置。集中安置方式主要包括依托小城镇安置、行政村内就近安置、依托乡村旅游区安置、建设移民新村安置。分散安置方式是指尽量靠近乡镇政府、村委会、学校、卫生院（站）或公路沿线基础设施条件较好的地方建设安置地，减少基础设施和基本公共服务设施建设支出。

2. 实施产业扶贫，大力发展特色优势产业

产业扶贫是针对凉山深度贫困地区在水电矿产资源、特色农产品等方面具备的独特资源禀赋，大力培育特色产业，努力把资源优势转化为产业优势。一是深化农业供给侧结构性改革，突出"建基地、创品牌、搞加工"重点任务，推动一、二、三产业融合发展，组织国家级、省级重点龙头企业到深度贫困县联建产业基地，规划发展土豆、青稞、苦荞、中药材等特色产业基地和畜禽养殖场（基地），打造现代农业产业融合示范园、农业主题公园，带动贫困群众增收。二是做强做大"大凉山"等区域品牌，培育"三品一标"农产品。"三品一标"，即无公害农产品、绿色食品、有机农产品和农产品地理标志。三是加快配齐彝区县乡农技人员，开展特聘农技员试点，实现农技服务全覆盖。四是优先将深度贫困县推荐为农村国家级电子商务综合示范县，力争每县建设 1 个电商公共服务中心。五是用好税收、留存电量等优惠政策。

3. 实施就业扶贫，补齐就业增收短板

就业扶贫是贫困群众最欢迎、最能"吹糠见米"的脱贫举措。就业扶

贫主要针对深度贫困地区贫困群众就业技能较弱、就业机会欠缺等现状，千方百计帮助贫困劳动力多渠道就业。就业扶贫主要包括继续实施公益性岗位开发、鼓励企业吸纳劳动力等就业扶贫"九条措施"，强化贫困劳动力基础信息、就业培训、转移就业等"五个名单"管理，以及另外两个名单——自主创业、公益性岗位安置管理。组织技工院校、培训机构"一帮一"开展深度贫困县贫困劳动力技能培训，力争通过培训新增转移就业；利用东西部扶贫协作劳务输出渠道转移就业。开发公益性岗位，结合国家大熊猫国家公园建设试点，开发生态护林员、大熊猫国家公园管护公益性岗位；为深度贫困村每村开发护林绿化、保护林管理等公益性岗位 5 个以上，确保贫困户每户有 1 人就业。在每个贫困村开发一定数量的公益性岗位，专门用于看护孤寡老人、留守儿童和重度残疾人、社会治安协管、护林绿化、维护乡村道路、监测地质灾害、乡村保洁、劳动保障协理、村残疾人工作服务等。

4. 加强基础设施建设，补齐硬件短板

基础设施建设扶贫主要解决深度贫困地区的交通、能源等基础设施普遍滞后的问题。主要方式包括：一是推进交通道路建设，加速建设深度贫困地区的高速公路，新改建国省干线公路，重点建设未通硬化路乡、村道路，推进农村公路向组、社延伸，实现州府所在地通高速公路，县到州府通三级及以上公路，每个县形成两个方向三级及以上公路通道，强化乡村公路建设，实现所有乡镇通油路、所有贫困村通村硬化路全覆盖。2020 年 6 月，凉山州阿布洛哈村实现车路双通，撕掉了"全国最后一个不通公路建制村"的标签。在能源基础设施建设上，实施水利攻坚行动，新增干热河谷地区有效灌面，发展甜樱桃、脐橙、青花椒等经济作物种植区节水灌面，解决贫困户安全饮水问题，并且实施光伏扶贫项目，提高贫困地区光伏能源利用能力。二是推进水利设施建设，开展农村饮水安全巩固提升工程，采用新建、扩建等措施，精准到户到人，全面解决贫困地区的饮水问题。三是实施深度贫困县重点道路沿线移动通信网络覆盖项目。结合民族地区全域旅游规划和深度贫困县扶贫相关部署，实施深度贫困县重点道路沿线移动通信网络覆盖工程，实现国道、省道、县道等重点道路沿线 4G

网络重点覆盖。

5. 实施教育扶贫，补齐义务教育短板

教育扶贫主要是针对深度贫困地区学校建设较为滞后、师资力量较为薄弱等现状，持续加大投入，不断提升贫困地区教育软硬件水平。主要内容包括：一是全面推进贫困地区控辍保学工作，完善县长、乡镇长、村主任、校长、家长共同负责的责任制，健全控辍保学目标责任制。二是加快改善办学条件。着重改善深度贫困地区义务教育学校寄宿学生生活条件，落实义务教育"三免一补"政策，实施《四川省民族地区教育发展十年行动计划（2011—2020 年）》，实施大小凉山彝区"教育扶贫提升工程"，落实民族地区教育特殊补助。三是加快推进教育信息化建设。推进实施"宽带网络校校通"，利用四川省教育资源公共服务平台，开展贫困县网络学习空间"人人通"普及应用活动。四是改善学生生活条件。实施学生营养改善计划。五是加强教师培养培训。包括教师培养补充计划、实施特岗计划、教师素质能力提升计划、援彝"第一校长"计划、农村教师待遇保障计划。其他教育扶贫措施还包括实施推普助力脱贫攻坚行动计划、大小凉山彝区"9+3"免费教育计划、推进对口帮扶计划。

6. 实施健康扶贫，补齐医疗帮扶短板

健康扶贫针对深度贫困地区医疗机构比较薄弱、地方病防治任务较重等问题，通过加强县、乡、村医疗卫生机构达标建设等举措，着力提升彝区医疗卫生服务能力。主要包括持续加强彝区禁毒防艾、缉毒侦查工作，推进"绿色家园"建设并尽快建成艾滋病（重大疾病）医疗救治中心。加大卫生人才引进培养力度，实施县级医疗服务能力强化、乡医生履职尽责考核和村医全覆盖轮训 3 项行动。加大"十免四补助"① 和"两保三救助

---

① "十免四补助"即对贫困人口就诊免收一般诊疗费、院内会诊费，免费开展白内障复明手术项目，免费艾滋病抗病毒药物和抗结核一线药物治疗，免费提供基本公共卫生服务、妇幼健康服务、巡回医疗服务，免费药物治疗包虫病患者，免费提供基本医保个人缴费，免费实施贫困孕产妇住院分娩服务；对手术治疗包虫病患者、符合治疗救助条件的晚期血吸虫病人、重症大骨节病贫困患者以及进行手术、康复训练和辅具适配的 0~6 岁贫困残疾儿童给予对症治疗补助。

三基金"① 扶持力度，将贫困患者县域住院医疗费用个人支付控制在5%以内，扩大患大病、重病的贫困群众医疗费用兜底保障覆盖面。

7. 实施文化扶贫，加强公共文化服务

文化扶贫是一种激发内生动力的扶贫方式。主要措施包括：一是加强公共文化设施建设与管理，深入实施"千村文化扶贫行动"。二是建设文化配套设施，打造"一村一院一品牌"，满足艺术普及与群众文化活动需要。三是扩大公共文化产品与服务有效供给。四是加强移风易俗宣传。通过"板凳工程"、"三建四改五洗"（建庭院、建入户路、建沼气池，改水、改厨、改厕、改圈，洗脸、洗手、洗脚、洗澡、洗衣服）、实施农村人居环境整治"五大行动"等活动，极大改善凉山彝区群众落后的生活习惯；创建"四好"村、"四好"文明家庭，为形成良好的彝区现代文明生活方式打下基础；通过大力整治"薄养厚葬、高额彩礼、相互攀比、铺张浪费"等，改变陈规陋习。

8. 提升扶贫干部队伍工作能力

打赢深度贫困地区脱贫攻坚战，在坚持党管干部原则的基础上，干部队伍能力是决战决胜的关键因素。主要措施包括：一是加大县、乡、村干部政策培训。充分运用政策文件、培训教材，以县为单位制订干部全员轮训计划，相关行业部门和院校给予师资支持，采取干部培训大讲堂的方式定期开展脱贫攻坚专项辅导培训，对深度贫困地区的干部每年进行全员轮训，解决"政策中梗阻"问题。二是做好基层干部队伍建设。对驻村帮扶干部、对口帮扶干部、挂职扶贫干部经常开展分析评估，及时调整能力不适应、作用不充分的干部。及时调整充实基层干部力量，壮大脱贫攻坚一线力量。大力加强乡镇党委书记、村党组织书记和致富带头人队伍建设，建设一支"永不走"的干部人才队伍。三是做好专业人才队伍建设。实施农技人员等专业人才能力提升工程，选派培养一批规划建设、水利水电、特色农牧业、乡村旅游业等急需人才。

---

① "两保"即基本医保、大病保险；"三救助"即民生医疗救助、疾病应急救助、县域内政策范围内住院费用全报销救助；"三基金"即医药爱心基金、卫生扶贫救助基金、重大疾病慈善救助基金。

（二）拟定访谈提纲

为了使访谈提纲能够符合本书对扶贫政策执行影响因素在理论上的概念界定和凉山州的基层实践情况，本节根据上文中的概念界定和政策内容梳理来设计本次调研的访谈提纲。通过上文的概念界定已知，在"扶贫政策执行影响因素"的概念中，影响因素对扶贫政策执行的影响主要体现在政策目标、政策执行过程、政策执行效果之中。在此基础上，结合上文对凉山州相关政策内容的分析，分基本问题、政策目标、政策执行过程、政策执行效果4个部分设计初步的访谈提纲。具体为，基本问题包括访谈对象的基本情况共5个问题；政策目标主要是从物质、精神和能力层面的政策执行情况进行考察，包括基本的物质保障、基础设施建设、教育、医疗、产业、就业、移风易俗等相关问题；政策执行过程主要从政策执行过程中的具体情况入手进行考察，主要从制度和政策层面设计问题；政策执行效果主要从满意度和效果感知的角度设计问题。笔者根据基层政策执行者和政策对象等不同群体，对问题进行了修改和调整，最终针对县级分管领导、驻村第一书记、村两委和政策对象制定出4份访谈提纲，共78个问题。在确定最终版的访谈提纲之前，通过现场访谈和电话访谈的方式分别对凉山州G县某乡文书工作人员C、M县Z乡副乡长M、J县B乡副乡长F、M县G村第一书记、M县Z乡W村某小组长A这四位基层干部进行预访谈，对访谈提纲进行检验和修改。

根据扎根理论的要求，在进行访谈的时候，能获得最为丰富的信息的访谈方式是不预设任何问题的、开放性的非结构性访谈，这种访谈方式最考验研究者的敏感性和观察能力（科宾 等，2015）。但是为了能够在非结构性访谈中把控访谈问题的指向和范围，本书设计了访谈提纲，力图以访谈提纲为主体、以非结构性访谈为辅助的方式，灵活实施深度访谈。因此在访谈过程中采取了预设访谈提纲的结构性访谈方式和在访谈过程中根据即时信息灵活提问的非结构性访谈方式相结合的方法进行，目的是既能够保证访谈不偏离研究目标和内容，还能够保证访谈过程的开放性和敏感性。

（三）实施调研计划

本节为了能够尽可能保证调研的村庄在凉山地区脱贫攻坚中的代表

性，采用了严格的抽样方法来确定调研的样本县、样本村和访谈人员。凉山州地域面积较大，地形地貌复杂，要对该地区的扶贫政策执行情况进行调研并获得深入和充分的原始数据和材料，科学合理的抽样就显得尤为重要。基于这样的认识，在调研展开的同时不断对调研获得的一手材料和数据进行即时分析并展开理论抽样，确定调研区域，抽样从始至终伴随着整个研究过程。

1. 确定初步抽样方法

初步抽样方法为调研抽样策略的实施打下了基础。不同于定量研究，质性研究不需要在大样本的基础上，以数量的优势寻求统计意义上的支撑来验证或构建理论。它一般是研究小样本，"通常都采用立意抽样，而不是随机抽样"[①]，主要通过设定资料收集范围、不断通过资料的分析结果引导新一轮的抽样，直至理论抽样达到饱和、资料中不再出现新的类属和维度为止。科宾将理论抽样定义为"以概念为导向的资料搜集和分析"[②]，它伴随着整个资料收集和分析的过程，贯穿于整个研究，也就是在资料收集之后就可以开始展开分析，一边分析一边引出新的类属和概念，由概念提出问题，再由问题进一步引导下一步抽样，然后又收集新的资料，一直延续到研究达到理论饱和为止，即"没有新的类属或相关主题出现时"[③] 为止。质性研究的基本抽样策略主要有表4-1所示的这些方法。

表4-1　质性研究的抽样方法[④]

抽样类型	目的
最大变异抽样	记录下各种变异，并且辨识出重要的共同模式
同质性抽样	聚焦于、浓缩至、简化为、便利于团体会谈

---

① 张芬芬，卢晖临. 质性资料的分析：方法与实践 [M]. 重庆：重庆大学出版社，2008：38.

② 科宾，施特劳斯. 质性研究的基础：形成扎根理论的程序与方法 [M]. 3版. 朱光明，译. 重庆：重庆大学出版社，2015：161.

③ 科宾，施特劳斯. 质性研究的基础：形成扎根理论的程序与方法 [M]. 3版. 朱光明，译. 重庆：重庆大学出版社，2015：159.

④ 张芬芬，卢晖临. 质性资料的分析：方法与实践 [M]. 重庆：重庆大学出版社，2008：39.

表4-1(续)

抽样类型	目的
关键个案抽样	可以做逻辑上的类推，以及将信息在其他个案做最大范围的应用
理论本位抽样	为一个理论上的构念寻找范例，从而深究与检验该观念
验证性或否证性个案抽样	深化最初的分析，寻找例外，探究变异
雪球或链式抽样	研究者借由一些人找到另一些信息丰富的个案
极端或异常个案抽样	个案极为特殊，可以反映研究者感兴趣的现象，让研究者有所学习
典型个案抽样	选取的个案可以凸显何谓正常或平均状况
深度抽样	选取信息丰富的个案（非极端的个案），可以充分地显示某现象
政治上重要个案抽样	获得想要的关注，或是避开不想要的关注
随机目的性抽样	可能成为目的样本的样本的数量过大时，采用此方法可提高可信性
分层目的性抽样	阐释各个次群体，适合比较
效标抽样	所选的个案全部都符合某些标准，这种方法对于质量保证特别有用
机会抽样	跟随着新线索去探究，获得未预期到的好处
综合或混合抽样	三角测量，有弹性，满足多重旨趣与需求
便利抽样	省时、省钱、省力，但会牺牲掉所得的信息，并可能降低可信性

通过比较分析，本书决定采取由所选地区的外围渐渐走向核心的漏斗式抽样的基本抽样策略（张芬芬 等，2008）。抽样方法根据研究的实际情况采用典型个案抽样（第一次抽样，将调研范围从全州范围缩小到县），在典型个案的范围里再进行关键个案抽样进一步缩小调研范围（第二次抽样，将调研范围从县域范围缩小到村），最后从关键个案的范围里进行非概率抽样（第三次抽样，将调研范围从村缩小到户），综合多种方法对凉山州的 11 个曾经的深度贫困县的乡村进行多个案抽样。多个案抽样也就是多个案例的抽样方式，这种方式可以加强研究的精确性、有效性和稳定性，在发现一些样本共有的特质的同时也可以让某些个案独有的特质浮出水面。

2. 初始抽样及样本县介绍

初始抽样主要是以典型个案抽样方法为主，目的是从凉山州的 11 个原深度贫困县里识别出当前这些地区扶贫政策执行中具有典型性和代表性的个案。由于凉山州已脱贫地区面临着多元复杂的致贫风险因子，所以本书选取的深度调研地区要在地理位置、自然环境、语言文化、民俗风情等方面具有一定的代表性。因此，本书主要从地理位置、自然条件、政治地位和经济情况、涉彝区域的文化语言差异这四个要素来考量并选择第一次抽样的调研区域。

第一步，将凉山州原深度贫困县集中连片区域划分为四个小区域：一是沿安宁河流域区域——普格县、喜德县、越西县、甘洛县；二是沿金沙江流域区域——金阳县、雷波县；三是安宁河和金沙江中间区域——美姑县、昭觉县、布拖县；四是沿雅砻江流域——盐源县、木里藏族自治县。这几个区域中，金沙江流域区域和安宁河与金沙江中间区域的美姑县、昭觉县、布拖县、金阳县和雷波县被凉山州本地人称为"东五县"（以西昌市为中心来看），"东五县"是凉山州本地人心目中曾经最为贫穷的区域。这些区域主要聚焦在安宁河和金沙江流域及其中间位置，所以此次抽样地区主要以该区域为主，加之本书研究的主要对象是彝区，因此将木里藏族自治县排除。

第二步，从经济情况和政治地位上进行比较。从经济情况来看，凉山州已脱贫深度贫困县（11 个）刚刚脱贫年度（2020 年）的经济状况如表 4-2 所示。结合经济状况和地理区位来看，沿安宁河流域区域经济状况较差的为喜德县，沿金沙江流域区域经济状况较差的是金阳县，在安宁河和金沙江中间区域的美姑县、昭觉县、布拖县经济状况都比较差，沿雅砻江流域的盐源县相较而言经济状况较好。从政治地位上来看，昭觉县曾经是凉山州的"前州府"（西昌市之前凉山州的经济、文化和社会中心），2018 年习近平总书记到凉山州调研的时候选择了昭觉县作为调研区域，无论是从政治还是经济因素上看，昭觉县都是调研样本县的首选；与其相邻的美姑县和布拖县经济状况在全州中均属靠后水平，相比而言美姑县脱贫之前的贫困程度更深、范围更广，而且属于大凉山腹地，是凉山民族风俗文化最浓郁、彝族人口占比最高的地区，因此选择美姑县作为样本县；喜德县处于安宁河流域，虽然在距离上离西昌市区仅70千米，但是与西昌市的经济发展状况却呈现出巨大差异，因此本书选择喜德县作为第三个调研对象；金沙江流域的金阳县较雷波县经济状况相对较差，因此将其定位为第四个调研对象。

最终，在第一次抽样中选择了昭觉县、美姑县、金阳县、喜德县作为最终的调研样本县。这四个县域不仅在地理位置、政治、经济上具有代表性和典型性，在自然环境和文化上也具有其代表性。

表4-2　凉山州脱贫县2020年经济情况①（从多到少排列）

市（县）	地区生产总值/万元	城镇居民人均可支配收入/元	农村居民人均可支配收入/元	GDP排序（全州17个县市）
凉山州	16 702 124	33 044	13 908	
盐源县	1 327 162	30 239	13 472	4
雷波县	700 282	27 994	10 885	7
越西县	521 431	28 187	10 764	9
甘洛县	393 763	28 511	9 636	11
金阳县	391 688	28 601	9 745	12
木里县	513 168	29 755	11 078	10
昭觉县	386 649	27 513	10 195	13
美姑县	354 089	27 680	9 491	14
普格县	319 967	28 795	11 417	16
布拖县	329 030	29 103	9 746	15
喜德县	306 675	26 338	9 736	17

第三步，从文化和自然环境来考察样本县的典型性和代表性。首先，

---

① 数据来源：凉山州2020年统计年鉴[EB/OL].[2022-05-13]（2022-07-20）.http://tjj.lsz.gov.cn/sjfb/lsndsj/tjjnj2020/202205/t20220513_2220085.html.

从彝族文化来看，凉山州整体地形复杂，在交通不便利的时代将各区域和家支之间的联络切断，凉山州各地域的区域服饰和语言特征呈现了彝族文化独特性。凉山彝族地区也被划分为石扎（包括越西、盐源、喜德等地）、依诺（包括美姑、雷波等地）、索叠（包括会东、会理、宁南等地）、阿都（包括布拖、普格、金阳等地）四大彝族方言/服饰区。美姑县属于依诺方言区、喜德县属于石扎方言区、金阳属于阿都方言区，昭觉县属于四种方言的中心交汇地带，昭觉县面积广阔，与这四大方言区接壤，融合了不同区域的语言和服饰，成了大凉山的中心。本书的四个调研样本县在范围上来看广泛融合了这四大彝族方言区以及中心区域。其次，从自然环境来看，这些样本区域在横向空间上基本覆盖了凉山州的已脱贫区域；在纵向空间来看，这些区域在海拔上囊括了凉山州复杂的气候特征和自然环境，从低海拔地区到二半山区域再到高山草甸的地区都有覆盖。

本书对样本区域的选择，从地理位置、经济、政治、文化、自然环境等要素上做了充分的考虑，力图追求调研样本区域具有充足的代表性和典型性，从整体上来看是能够大致反映凉山州整体的扶贫政策执行状况的。最终确定的四个样本县基本情况如表4-3所示。

表4-3　凉山州四个样本县的基本情况①

县名	地理和人口情况	曾经的贫困情况	脱贫成果
美姑县	美姑县地处大凉山腹心地带，是大小凉山的分水岭，分别与雷波、昭觉、越西、甘洛和乐山市峨边县、马边县接壤，地势北高南低，三山夹三河，最高海拔4 042米，最低海拔640米。全县辖36个乡镇，292个村，总人口26.4万（其中农业人口25.5万），彝族人口占98%以上，农村人口100%为彝族	2017年被确定为深度贫困县。全县共有272个贫困村、20 652户贫困户、102 548名贫困人口，贫困发生率最高时达40.25%，是全省贫困程度最深、扶贫任务最重、脱贫难度最大的县	2020年年底，美姑县实现了272个贫困村退出、20 652户贫困户102 548名贫困人口脱贫，贫困发生率降至0%，综合认可度达99.49%，36个乡镇均实现乡乡有标准中心校、有达标卫生院、有便民服务中心，顺利通过贫困县摘帽验收

---

① 数据来源：美姑县、昭觉县、金阳县、喜德县的基本情况和数据均来源于当地人民政府。

表4-3(续)

县名	地理和人口情况	曾经的贫困情况	脱贫成果
昭觉县	昭觉县是全国彝族人口最多的县、四川省少数民族人口最多的县，曾是凉山州州府所在地，是彝族四个语言区的汇聚地，与美姑、金阳县、西昌市、越西县在地界上都有接壤和重叠。全县总人口33.23万、彝族占98.4%，辖47个乡镇271个村	2014年，全县精准识别出贫困村191个，贫困人口102 357人，贫困发生率31.8%，其中全县深度贫困村146个，贫困发生率最高达82.97%	2020年年底，昭觉县191个贫困村全部退出，22 217户102 347名贫困人口全部脱贫，2017年、2018年、2019年连续3年在省委、省政府脱贫攻坚成效考核中评为"好"的等次，获评全国"十三五"时期易地扶贫搬迁工作成效明显县
金阳县	金阳县地处四川省西南部、凉山州东部边缘的金沙江大峡谷，东、南面与云南省昭通市的永善、昭阳、鲁甸、巧家三县一区仅隔金沙江相望，西与布拖县相邻，北与雷波、昭觉两县接壤，县境内最高海拔4 076米，最低海拔540米。全县辖34个乡镇178个行政村（居）委会，居住着彝、汉、苗等12个民族，总人口21.5万人（彝族人口占81%）	2017年被确定为四川省深度贫困县、全国"三区三州"扶贫地区县。2014年建档立卡时，精准识别贫困村150个、贫困人口13 701户69 428人，贫困发生率46%	2020年年底，金阳县累计脱贫退出150个贫困村19 638户98 097万余人，贫困发生率由46%下降为0%。贫困村"村村有"网络通信、文化室、卫生室、学前教育设施、民俗文化活动坝子，"户户有"广播电视、安全饮水、生活用电
喜德县	喜德县隶属于四川省凉山州中北部，与越西、昭觉、冕宁县接壤、与西昌市毗邻，与州府西昌市仅相距78千米。全县辖24个乡镇170个行政村3个社区，总人口22.3万人，其中彝族人口占90.5%、农业人口占91.1%	2014年喜德县精准识别贫困人口15 444户59 415人，贫困村136个，占全县建制村的80%，贫困发生率达30.5%	2020年年底，省政府正式批准喜德县退出贫困县序列，全县24个乡镇，136个贫困村，16 553户，71 486人全部脱贫

3. 理论抽样及样本村介绍

笔者在初始抽样中确定了四个调研区域之后，对这四个县城进行了实地调研，通过初次调研的访谈结果的理论抽样，进一步确定了每个县域的调研村。理论抽样主要通过关键个案抽样进行，其目的是通过对样本村的研究结论做逻辑上的类推，使个案信息尽可能覆盖整个县域的情况。

（1）美姑县的样本村选择。

通过对美姑县相关部门的调研了解到，该县 L 乡 W 村是全省首个脱贫的康复村（当地人称"麻风村"），其脱贫效果非常显著；S 乡的 L 村地处美姑县与马边彝族自治县交界地带，距离马边县仅 60 余千米，属于高寒山区，条件艰苦，交通不便，曾经属于极度贫困村。该村的致贫原因多样，致贫风险也比较高，因此扶贫的工作难度相对较大。因此，本书将该县的样本村确定为 W 村和 L 村。基本情况如表 4-4 所示。

表 4-4　美姑县样本村的基本情况①

村名	地理和人口情况	产业发展和致贫风险
L 乡 W 村	位于美姑县、昭觉县和雷波县三县交界处，距乡政府驻地 6 千米，全村面积 2.61 平方千米，海拔在 1 300～1 900 米，属二半山区（海拔在 1 000～2 000 米），气候温和。全村共有 2 个村民小组 92 户 362 人，全村无吸毒人员	因 W 村是麻风病人聚居地，受外界歧视，自然条件差，生产生活条件恶劣，住房、饮水等基础设施条件差，教育、文化、卫生等公共服务覆盖率低，群众发展意识薄弱、文化水平低、劳动技能差等
S 乡 L 村	位于美姑县东北部高寒山区，紧邻马边彝族自治县（仅 60 千米），远离美姑县城，位置偏远，交通不便。该村辖 2 个组，55 户 236 人	该村地处高寒山区地带，可耕种土地有限，这里的百姓都是利用每一厘可利用的土地（包括斜坡上的土地，道路两边的土地）精耕细作

（2）昭觉县的样本村选择。

从该县相关部门了解到，从昭觉往金阳方向的 T 乡 G 村是昭觉县的扶贫示范村，在全国得到表彰，当年该村的第一书记 L 也因此于 2018 年获得"全国脱贫攻坚奖创新奖"；处于喜德和昭觉接壤处的 N 乡 Y 村处于高寒草甸地区，气候严寒，当地的农业不发达，只有畜牧业，在脱贫特征上也极具高原草甸山区的代表性；处于昭觉往西昌市方向的 J 乡 H 村，是 2018 年习近平总书记专程去调研慰问的村子；位于昭觉和越西接壤的 Y 乡 D 村处于二半山位置，该村曾经的贫困程度比较深，产业发展较弱。为了能够更

---

① 数据来源：美姑县样本村基本情况和数据均来源于样本村所在地的乡政府。

加全面地认识全昭觉县域的扶贫政策执行情况，本书最终选择了这四个村子作为二次抽样的样本村进行实地调研。这四个村子的基本情况如表4-5所示。

表4-5 昭觉县样本村的基本情况①

村名	地理和人口情况	产业发展和致贫风险
T乡G村	该村位于昭觉县以南，距乡政府1.9千米，距县城30.1千米，面积8.2平方千米。全村辖两个社共151户601人，人口全部为彝族	G村曾是精准扶贫的先行村，于2018年顺利脱贫
N乡Y村	该村距昭觉县城59千米。平均海拔3 200米，是高寒山区行政村。全村辖3个社，全村总户数共249户、898人，是典型的全彝族聚居村	该村种植有马铃薯、苦荞、燕麦等耐寒旱地作物；养殖业以牛、羊、猪为主。不宜生长经济果木林，只适应发展耐高寒的经济林木，增收产业单一局限性明显。农民收入以畜牧业和外出务工为主要来源
J乡H村	位于昭觉县西南部，平均海拔2 700米，属于高寒山区地带。全村辖2个村民小组172户共706人，属全彝族聚居村	该村常规经济作物难以生长，耕地面积十分有限，在牧业方面有着良好资源
Y乡D村	该村地处凉山州昭觉县北部，距离乡政府5千米，距离县城40千米，海拔高度2 500米。该村辖3个社共计691人	监测户外出务工人员偏少，缺乏专业技能，劳务收入低；村内养殖大户缺乏资金，难以扩大养殖规模。村集体经济缺乏主要产业发展，无稳定增收项目；村委会通信网络信号弱，无移动电信光纤网络

（3）金阳县的样本村选择。

对金阳县相关部门调研了解到，金阳最大的自然环境特征是"一山分四季、十里不同天"，特殊的地理位置和气候条件造就了金阳发展不同产业的天然优势。但同时，河谷地带特有的缺水和地势险要的特征也为金阳的基层政策执行在客观上增加了很大难度。根据调研，要对金阳的扶贫政策执行有全面和深刻的认识，就要对金阳"十里不同天"的这种立体切割

---

① 数据来源：昭觉县样本村基本情况和数据均来源于样本村所在地的乡政府。

气候特征下（正是这种气候特征造就了金阳县的三带经济的发展模式）处于不同海拔地段的村庄进行实地调研。因此本书选择了处于河谷地带的 E 乡 J 村、处于二半山位置的产业较为发达的 P 镇 T 村和 H 乡 L 村，处于高二半山位置的 Q 乡 S 村，处于高寒山区位置的 G 乡 H 村（空心村）作为调研村，并在回昭觉县的路上顺路实地调研了处于昭觉和金阳交界处的 B 乡 D 村。五个村的基本情况如表 4-6 所示。

表 4-6　金阳县样本村的基本情况①

村名	地理和人口情况	产业发展和致贫风险
E 乡 J 村	位于金阳县北部，处于二半山地带。全村共 314 户 1 474 人	该村主产荞麦、马铃薯、玉米，畜牧业以猪、牛、羊为主，畜牧业和外出务工收入是村民主要收入来源。该村入村道路紧挨百米悬崖，道路险恶，交通不便。群众生产生活条件较差
P 镇 T 村	位于 P 镇南部，距金阳县城 48 千米，距镇政府所在地 3 千米，是彝族聚居村。全村辖 6 个村民小组 397 户 1 895 人	该村的农作物以玉米、马铃薯、小麦为主，主要经济林有花椒树、核桃树等。该村于 2016 年顺利实现"户脱贫，村退出"，2018 年全村人均纯收入达到 5 000 元，已脱贫户没有出现返贫情况
H 乡 L 村	位于金阳县西南部，距县城 55 千米，面积 34.5 平方千米，辖 7 个村委会。全乡 1 577 户、总人口 7 460 人	H 乡是金阳县的青花椒产业大乡，以产业帮扶为主，全面扶持发展林业产业，在海拔 1 800 米以下大力发展青花椒种植产业
Q 乡 S 村	位于 Q 乡东南部，与布拖县隔西溪河相望，距金阳县城 87 千米。全村下辖 6 个村民小组，共有 266 户、1 603 人	其中耕地面积 1 480 亩（1 亩 ≈ 667 平方米，下同）、林地面积 2 450 亩，平均海拔 2 600 米，农作物以玉米、土豆及青花椒为主，且极度缺水。曾经全村贫困发生率高达 96%，位居全国第一。该村村民尤其重视教育，该村 D 组共有 35 户，全组培养出大专生 3 人，全日制本科生 6 人，在教育上获得了丰硕的成果

① 数据来源：金阳县样本村基本情况和数据均来源于样本村所在地的乡政府。

表4-6(续)

村名	地理和人口情况	产业发展和致贫风险
G乡H村	位于四川省凉山州金阳县县城东北方。H村地处高寒脱贫山区，位于金阳县城东北部，距离县城76千米。全村户籍165户、755人，常住户仅26户141人，属于典型的空心村	金阳海拔最高的山脉狮子山（海拔4 076.5米）、省级生态自然保护区百草坡均在G乡境内，平均海拔2 860米，农业主产马铃薯、荞麦、燕麦，畜牧业以猪、牛、绵羊为主。该乡辖6个行政村共19个村民小组，其中大部分村已经是空心村，尤以H村为典型

（4）喜德县的样本村选择。

通过对喜德县比较具有代表性和典型性，且远离喜德县城的"被遗忘的"E乡和B乡的调研，最终选择E乡E村和B乡Z村作为样本村。两个样本村的基本情况如表4-7所示。

表4-7　喜德县样本村的基本情况①

村名	地理与人口情况	产业发展与致贫风险
E乡E村	E村位于E乡乡政府所在地，平均海拔2 718.5米，辖5个村民小组，脱贫前属极度贫困村	E村粮食作物以马铃薯、荞麦为主，经济收入主要靠种植、养殖业，属典型的高山彝族聚居村。该村与之前在昭觉调研的N乡接壤，站在E村被访监测户的家门外，能遥遥相望昭觉N乡的建筑
B乡Z村	B乡Z村地处喜德县城东南，距离县城113千米，平均海拔2 600米。全村辖4个村民小组261户共计991人，2018年脱贫	Z村的全村耕地面积990亩，林地面积10 980亩，荒地面积3 000亩。主要粮食作物为马铃薯、荞麦、玉米，主要养殖羊、牛、猪、马等四大牲畜。村民经济收入主要来源于种植、养殖业和外出务工。B乡远离喜德县城，地域上呈隔离状态，属于"孤岛"。在地域上的隔绝造成过去这个地方处于无人问津的状态，同时也造成了当地人思想上的落后。缺水缺电问题也是当时该地区的致贫原因之一

笔者在理论抽样确定样本村之后，对样本村进行实地调研，选择具体访谈样本时，有一个非常现实的客观问题摆在面前——若采用科学的概率抽样方法进行抽样，被抽样的户/人极有可能不在村子里。因为村子里大

---

① 数据来源：喜德县样本村基本情况和数据均来源于样本村所在地的乡政府。

多数年轻劳动力都外出务工，学龄儿童都在校读书，在村子里走了一圈，大部分都是妇女儿童和老年人，未外出务工的年轻人也是因为家里有老人或配偶生病，暂时留守家中照顾病人。基于这种现实情况考虑，第三次抽样采取了非概率抽样法，即寻找有人在家的户主随机进行深度访谈。这种访谈方式也许不及概率性抽样方式科学，但是在不设预警的情况下，这种非概率式的随机访谈更能了解到村民对扶贫政策执行的真实反应和态度。

4. 实施访谈计划

修改完善访谈提纲之后，考虑到凉山州夏季地质灾害多发，暴雨、泥石流等自然灾害随时可能会阻断交通，妨碍调研进度，因此笔者选择 4 月开始进行实地调研。最终对 4 个样本县共 13 个样本村庄进行历时两个月不间断的实地调研和深度访谈，本次调研的访谈计划及具体实施如表 4-8 所示。

表 4-8 凉山州扶贫政策执行影响因素研究访谈计划实施（部分）

访谈地点	访谈目的	访谈方式及工具
美姑县 XX 局	了解美姑县整体扶贫工作开展情况、进度，搜集相关资料，为进一步抽样打下基础	专访、笔记和录音笔
L 乡政府	了解 L 乡政策执行整体状况，并大致了解 W 村（康复村）的脱贫历程和发展现状	专访、笔记和录音笔
L 乡 W 村	深入了解 W 村的过去和现状，对该村的教育、医疗、经济发展等状况做深层次调研	专访、笔记和录音笔
W 村"小组微生"集中安置点	深入了解 W 村监测户的生活状况以及对扶贫政策执行的观点和态度	顺访、录音笔
……	……	……

在为期两个月的实践调研期间共访谈58人，受访谈人员包括各县分管相关工作的县级领导（3人），各个县局级领导及工作人员（5人），调研乡的乡长/乡党委书记等（9人），调研村的村主任/村支书、第一书记、省帮扶队员、社会慈善/公益组织工作人员（共计11人），以及监测户和非监测户（共计30人）；访谈录音时长共计 1 714 分钟。

（四）整理访谈记录并撰写备忘录

科宾（2015）认为养成撰写备忘录的习惯非常重要，而且应该从第一个整理和分析资料的阶段就开始进行撰写，并始终贯穿整个分析过程，因为她认为质性分析是非常复杂且需要长时间累积思考的过程，不撰写备忘录就会遗忘并很难持续跟踪。在调研完成后，笔者历时 3 个月对原始数据进行整理和分析，形成访谈记录 59 份，原始访谈文字材料将近 18 万字。

在对访谈记录进行整理和文本化的过程中，笔者也将调研和资料整理过程中的个人思考整理成备忘录，内容如下（部分）：

这个村在两个县域的接壤处，曾经是一个麻风村。过去非常贫困、闭塞。现在的 W 村已经完全脱离过去落后、闭塞的状况，已经被外界所接受，年轻人都出去打工挣钱，在家的主要以留守老人和儿童为主，即便是因为家里老人生病不能外出务工的年轻人也能在本地找到增收的途径。第一书记是一位"80 后"，年轻的第一书记很有想法和干劲，能够为农村发展输入很多新鲜血液。农村的发展需要很多优秀的年轻干部来带头，同时也要配套很多物质和机会资源来帮助他们实践理想。但是也有一些问题，我对一个画面的印象尤其深刻，在 W 村漂亮的易地搬迁集中安置点旁边，仅一墙之隔，旁边是土坯房，住的是非贫困户，对比鲜明的画面，让我在感慨曾经的贫困群众终于过上好日子的同时，也提醒我应深入研究相对贫困问题。

……

当地村民增收主要靠的是蜂蜜和中草药以及外出务工，然后当地村民（老年人暂且不论）的知识文化水平都非常低，甚至连 20 岁左右的年轻人都不是特别会说汉语。我访谈的第一户人家有一个儿子（19 岁）在家，他不是很会说汉语，我跟他聊天的时候，如果用汉语跟他说话，他就只是埋着头腼腆地笑，只有用彝语跟他沟通的时候他会回答几句。他出去打工也只能从事一些建筑工地上的体力劳动（比如挖边沟等），因为他的汉语不是很好，所以无法从事一些需要汉语交流的工作。这都属于教育问题，他们小的时候没有接受太多教育导致现在无法掌握更多的技能。

……

要警惕易地搬迁集中安置点发生规模性返贫现象。因为现在很多易地搬迁的人居住在一起以后，他们的后续增收问题又是一个重点、难点和痛点问题，主要问题包括村民以前闲置的土地该怎么办？如何实现可持续性增收？依赖畜牧业生存的村民后续生活怎么办？集中安置点的社区治安问题如何解决？这将会成为下一步防止规模性返贫工作中应着重思考的问题和方向。

……

G村不大，但是村民的房子都修建得很有彝族风情，有两层楼房并外带小菜园，可做民宿用。还建有文化坝子，整个村庄的文化氛围和村民的精神风貌都很好。村子中间流淌着一条小河，中间架了一座精致的小木桥，可见G村巩固拓展脱贫攻坚成果的效果非常好。该村能获得"2018中国最美村镇精准扶贫典范奖"，一是得益于一个能凝聚民心、有能力和想法的第一书记（村民都非常喜欢这位第一书记L）；二是得益于一个团结实干的基层政策执行团队（包括第一书记、村两委、村文书、农技员等）；三是得益于负责任的农技员，在种植和养殖方面为村民提供了很多技术支持和帮助。

监测户E的养鸡小院给我留下了很深的印象，同时也很关心她的养鸡产业能持续下去的产业发展长效机制的建立和完善。只有将产业持续发展下去才是村民们实现可持续生计的根本路径。

……

访谈L的时候已经是深夜十一点半了，他那时候才开完州上的调度会。L把我们带到他的办公室，随行的还有P镇镇长M，B乡副乡长第一书记F，还有其他单位人员A。我们四个人从深夜11：30聊到了凌晨1：10左右。在L那里获得了非常多的经验和知识，同时又更进一步确定了一件事：对于脱贫村来说，要更好地巩固拓展脱贫攻坚成果，资源的输入和政策维持是一个关键因素，但最为关键和核心的要素还是政策执行的方式方法。好的政策执行方式能够激发村民的内生动力和参与积极性，带动一方人民勤劳肯干起来，积极生活，乐观面对困难。不适当的政策执行方式也能让一个条件尚可的地方毫无生气，乌烟瘴气。在政策资源层面，人和物都非常重要，尤其在制度规约和制度环境并不是特别成熟的时候。

……

Z 让我印象很深刻，他 19 岁出去打工，被失足跌落的高空架线工人砸成重伤，下半身瘫痪，已经卧床 15 年，34 岁的 Z 在易地搬迁的安置点有了一套新房，他的床摆放在窗边，方便他做小卖部的生意。我们去的时候他正在听歌，录音机声音开得非常大。Z 是残疾致贫之后，在脱贫攻坚时期通过扶贫政策获得帮助，在此基础上又通过自力更生找到脱贫之路的生动案例。要更好地巩固拓展脱贫攻坚成果，不仅要依靠政府的主动行为，更要激发出政策对象的内生动力，才能使脱贫户实现稳定脱贫。

……

以上备忘录真实地显示了在调研过程中笔者对凉山地区的自然环境、人文环境、经济环境等政策执行环境的深入接触和感受。在撰写备忘录的过程当中，对凉山地区扶贫政策执行的影响因素、政策在执行过程中的具体程序及监督机制的运作、凉山地区不同气候条件和地理位置导致的自然环境差异和具体问题、不同的产业选择和发展路径、凉山地区的基础设施硬件条件、政策对象的态度和行为、利益相关者（未享受过政策的其他村民）对政策执行的态度和行为等重要因素及其逻辑关联都有了初步的认识和大致的印象。很多在备忘录里所呈现出来的内容都是在之前进行文献查阅和综述的时候没有发现的，极具研究和参考价值，对研究的开展起着重要的基础性引导作用。

在对调研所获得的访谈记录和数据整理和分析之后，接下来就要进入扎根理论研究的核心环节——编码。通过开放式编码、主轴编码和选择性编码，确定影响凉山州扶贫政策执行的核心要素，最终通过理论饱和度检验，并将其确定为研究变量并提出研究假设。下文将重点将编码过程和理论饱和度检验的结果呈现出来，在此不再赘述。

第四节　扶贫政策执行影响因素的编码与检验

扎根的研究方法就是按照将原始材料文本逐句逐段进行分析和初步概念化，并在这个基础上归纳并合并出更高层次的类属，从而实现对大量质性文本的降维处理，通过关联式登录发现各类属之间的逻辑关联，最终通过选择式登录发掘出核心范畴的方法。扎根研究的核心在于编码，在研究的具体实施过程中，考虑到访谈文本量较大，采用最新版的 NVivo 12.0 Plus 对将近 18 万字的访谈文本资料进行逐句或者逐个事件的编码。主要的编码过程如下文所述。

一、开放性编码——发现主要影响要素

开放性编码指的是将前期调研所获得的扶贫政策执行研究的访谈文本材料（原始数据）逐行或逐个事件进行逐级概念化和范畴化，即研究者根据一定的原则和个体敏感性将大量的文本资料逐行解读并逐级降维，把文本资料的内容进行详细分析并归类，最终转变为更为精简和抽象的概念和范畴的过程。其目的在于从实践调研所获取的内容中发现现象，定义符合实践情况的概念，并从中整合出核心范畴，将庞大的文本材料聚敛形成抽象的核心范畴，为建构理论发现核心要素。开放式编码的程序主要是"定义现象（概念化）——挖掘范畴——为范畴命名——发掘范畴的性质和性质的维度"①。对范畴性质和范畴维度的界定能够使主范畴和副范畴的性质和属性得到更加精准的描述，使理论建构更加饱满。

本书试图通过开放性编码的初始概念化、主要概念化、主范畴化和核心范畴化这四个小步骤，把实地调研获得的原始访谈文本中影响凉山州扶贫政策执行的核心要素总结出来。

（一）初始概念化

概念化以"a+数字"作为开放式编码的计数方式，将原始访谈文本初步概念化。在编码过程中研究者要尽量保持客观的研究态度，尽可能保存原始素材中的态度和特征，不对其做修改。现以某一个访谈资料的编码摘录为例，来展示开放式登录分析访谈材料的过程。由于 NVivo 12.0 Plus 软件将编码导出时会按照首字母的顺序自动进行排列，因此最终编号并不会按照本书材料的顺序呈现出来。以下文本资料摘录部分中所举出的编码序号也因此并不连贯。现摘录对凉山州 J 县分管相关工作的县领导 L 的部分

---

① 李志刚. 扎根理论方法在科学研究中的运用分析 [J]. 东方论坛，2007（4）：90-94.

访谈记录及开放式编码内容，以此为例展示开放式编码过程。

L是凉山州P县人，彝族，曾在Z县T乡G村任3年驻村第一书记。G村在他的任期内取得显著的脱贫成效，2016年、2017年连续两年村人均纯收入年增长45%以上，全村人均纯收入达到8 700元。他和G村其他乡村干部积极探索并实践了诸多宝贵的脱贫攻坚实践经验，并在凉山州各地得到推广。G村在L的带领下，发生了天翻地覆的农村风貌变化，并于2018年获得"中国最美村镇"的称号。访谈L对于深刻认识凉山州原深度贫困地区的扶贫政策执行及相关的影响因素具有非常重要的实践意义。以下以笔者对L的部分访谈为例，来说明初始概念化的编码过程。

访谈人：A（笔者）

访谈对象：L（J县副县长）

访谈记录：

A：您到G村做第一书记具体是什么时间呢？

L：我是在2015年下去的，在G村待了3年了。

A：那您可以谈一下当时去G村时G村的贫穷状况吗？还有主要的贫困原因？

L：谈G村的贫困状况先要对彝区的贫穷有个客观的评价。现在很多人对我们彝区贫穷的认识往往就是你们凉山好穷哦，你这个地方不通路，不通水还不通电，但他忽略了一个很重要的问题，就是以前对凉山的公共资源比如公共设施和水电路网的投入滞后。刚刚到G村这个地方去的时候水电路网全部都没有，水电路网一片空白。唯一的村支部活动社都是用空心砖建起的，幼儿园也没有操场，而且是危房。那时候只有村支部活动社旁有一个吊桥，没有路。吊桥在2016年被水冲走了，应该说这几十年以来投入这个地方的基础设施建设的（资源）还是很不够的，**（编码：a237 过去的基础设施建设投入的严重不足）** 基本上类似这些地方的贫困状况是很难想象的。当时我写了一个关于这个地方的通讯稿。我形容的交通基本靠走、通信基本靠吼这种状况，在这些地方是客观存在的。外面的网络、电话信号都通了，但是这边的大部分区域是不通信号的，很多地方根本就没有公路。**（编码：a238 交通和通信基础设施差）**

A：2015 年也没有公路信号吗？

L：2015 我们去的时候这些都没有，电话信号是有些地方有，有些地方没有，基本上一半的区域没有。因为电话信号需要专门建基站，辐射到的地方就有信号，所以后面我们这个地方建了两个基站。

A：其实主要的原因还是投入严重不足？

L：几个方面，投入不足是其中之一。第二呢，我们凉山山高路远，不在发展区位上，在这个区域上的投入不足。加上当地人的发展能力有限、人文综合素质较低。发展能力有限并不是因为我们的综合素养低，而是外界条件和内部因素都制约着我们凉山人的发展能力。（编码：a239 内外因素导致人的发展能力受限）水电路网不通，以及医疗教育滞后，还有民族自身的一些观念和文化上的因素，这些因素结合起来造成了我们凉山整体的区域式贫困。（编码：a240 致贫原因包括基础设施建设不足、医疗教育条件滞后、落后的观念和传统）

……

A：您在工作当中觉得基层的扶贫政策执行效果整体是什么样的？

L：二十三项扶贫专项出来了以后，应该说它作用是很大的，对产业发展或多或少也是有作用的，但关键是我们要怎样去破解这些问题。总的来说，在脱贫攻坚时期，帮扶政策的力度还是非常大的，比如说教育医疗这些（政策）不是一朝一夕就能见成效的。（编码：a269 教育医疗政策成效的长期性）基础设施（政策）力度也是非常大的，但是我们不能就扶贫来谈如何扶贫，因为我们这里原来属于是区域型的贫困，大的方向来说的话应该加大我们西部开发的力度，这才是可持续发展的一个根本之策。真正的我们要做到乡村振兴或者是共同富裕的话，我们整个区域的一个经济发展要有一个大的动作才行。（编码：a270 扶贫的根本路径在于产业发展）比如说我们的高速公路逐渐在建了，然后高铁我们这边儿也有了，铁路轨道、高速公路等覆盖到我们更多的县市，覆盖面更广，这样我们大小凉山脱贫地区才能真正发展起来，这才是更好地巩固拓展脱贫攻坚成果的根本途径。打赢脱贫攻坚战之后，凉山确实是有了翻天覆地的变化，（从历史维度）纵向来看我们确实取得了一个很大的成绩，但从（区域）横向来看我们和外面那些地方的差距不是一点点的，所以我们还有很多需要继续发展和进步的地方。（编码：a271 横向区域比较差距仍然较大）

......

经过上述概念初始化的编码方式，对既有的数据和材料经过详细阅读、分析和编码，共得到 546 个初始概念化编码条目，部分内容如表 4-9 所示。

表 4-9　凉山州扶贫政策执行
影响因素原始数据初始概念化列表（部分）

访谈对象	访谈内容初始概念
M 县某局 工作人员 M	a1 帮扶队员的理想和奉献精神很重要，大部分都做了很多实事；a2 帮扶队员语言交流有障碍；a3 脱贫攻坚时期成立扶贫指挥办公室来统筹协调 23 个部门和专项的政策落实；a4 从下往上报项目，杜绝了资源浪费和项目闲置的问题；a5 打工是监测户增收的主要方式；a6 第一书记起到参谋作用；a7 第一书记是暂时性的，具体政策执行工作还是要靠村两委；a8 点长的职责是发现问题并解决问题；a9 基层工作人员签到制度严格；a10 家支不会阻碍政策执行；a11 各县成立调查组列问题清单；a12 根据项目金额确定决策流程；a13 入户路和路灯建设完善；a14 家支的作用主要是说服教育；a15 交通不便、基础设施建设差；a16 禁毒防艾和扶贫工作方面，家支都起到了促进作用；a17 对政策执行过程中出现的问题监管严格；a18 历史遗留问题导致政策执行不畅；a19M 县是曾经贫困人口最多、贫困程度最深的地区之一；a20 明察暗访的监督方式；a21 上报项目、还权于村民、解民所需；a22 调度会横向打通政策执行监查制度，监管力度大；a23 统规统建成效不佳；a24 一刀切的政策执行不够灵活；a25 为了更好实现政策目标，政策内容和项目随监测户指标变化；a26 县级成立点长制度；a27 通过通报、约谈和纪委介入施压，限期解决问题；a28 项目划分从以前的从上往下的供给型转变为从下往上的需求型方式划分；a29 项目招标流程规范，但是效率低、过程烦琐、时间长；a30 严格的问题检查制度；a31 一事一议效率高、执行快、村民监督力度大；a32 彝家新寨补贴资金逐渐增加；a33 以县为单位成立督查组；a34 政策落实的问题查找监管严格；a35 政策内容变化导致不公平感产生；a36 自然条件恶劣加大扶贫的难度
......	......

（二）核心范畴化

在初始概念基础上，对初始概念中的共性特征进行总结归类，形成主要概念，然后再重复之前的步骤，对主要概念进行相同属性的归类总结，形成范畴类属,一直到各类属之间不再存在相同概念或者特征为止,最终形成构建理论的核心范畴要素。

第一步是主要概念化,实现了对546个初始概念的降维处理。从而得到"政策的不完善""政策内容与地方实际不适""政策指标缺乏弹性""政策调整冲突""与前阶段政策的衔接""政策执行的后续衔接""根据反馈及时调整政策内容""配套政策支持""政策对象的增收策略""政策对象的进步理念""政策对象的政策满意度""政策对象的参与感提升""政策对象不履行义务""收益缓慢的产业项目不易被接受""政策对象的技能和素质较差""政策对象对政策内容的了解程度低""政策对象缺乏远见""政策对象的落后价值观""落后的风俗和生活习惯""产业发展梗阻""地区的产业发展潜力""挖掘地区人力资本优势""人文环境制约""自然环境制约""硬件基础环境制约""传统社会体制的协调和约束优势""政策对象的参与机制""政策执行者的激励缺失""自上而下的监督机制""自下往上的需求耦合机制""利益相关者的消极策略""利益相关者寻求机会""社会组织参与行动""执行政策方式过度""执行政策的目标替代""内生动力激发策略""政策对象支持获得策略""灵活运用政策相互补充""政策执行组织横向部门的统筹""政策执行团队的构建""基层村两委协作""村两委的素质和能力结构""基层矛盾化解主体""基层干部能力和素质""政策执行者对环境的融入能力""政策间资源分配不均""政策配套设施或资源不完备""政策资源有效利用率低""政策资源分配机制灵活"49个主要概念,本书用"b+数字"的方式来标注。

第二步是主范畴化,从49个主要概念中形成19个主要范畴。对主要概念编码进行进一步提炼,在概念之间寻找共性并建立概念属性,将具有相同概念属性的概念聚合到同一类属的范畴里,从而实现对概念的贯穿和联结,并反复分析检查是否有新的类属出现。通过编码得到"政策内容不适""政策衔接不畅""政策灵敏度高""政策对象的合作行为""政策对象的逃避策略""政策对象能力制约""政策对象落后的风俗观念""产业支撑""环境制约""传统社会体制优势""政策执行制度环境""政策的利益相关者策略""政策的过度式执行""政策的门槛式执行""横向部门间的协作能力""基层政策执行网络构建能力""末梢政策执行者行动能力""基层干部能力""政策资源"19个主范畴，对这19个主范畴用"c+数字"的方式进行标注。

第三步是核心范畴化，对19个主范范畴再次进行凝练和归类，最终得到扶贫政策执行中的"政策内容适当性""政策对象行为""政策执行环境""政策利益相关者行为""政策执行策略""政策执行主体能力""政策资源利用效率"7个核心范畴。这7个核心范畴就是影响凉山州扶贫政策执行的7类影响因素，用"A+数字"的方式进行标注。范畴属性指的是该概念范畴维度主要从正向影响和负向影响两个方面来界定，主要是为了区分对扶贫政策执行有积极影响的因素和有消极影响的因素。最终通过开放式编码获得的编码列表如表4-10所示。

表4-10 凉山州扶贫政策执行影响因素研究开放式编码总表①

核心范畴 （7个）	主范畴 （19个）	主要概念 （49个）	初始概念 （546个）	范畴 属性	范畴 维度
A1 政策 内容 适当性 （50）	c3 政策 内容 不适	b6 政策的不完善	a247，a258，a352	内容 不完善	负向
		b35 政策内容与 地区实际不适	a139，a220，a544	不适应 实际情况	负向
		b46 政策指标缺 乏弹性	a117，　a126，　a238 ……	内容缺乏 柔性	负向
	c4 政策 衔接 不畅	b34 政策调整冲 突	a35，　a208，　a226 ……	政策内容 "打架"	负向
		b21 与前阶段政 策的衔接	a472	衔接 不畅	负向
		b37 政策执行的 后续衔接	a255，　a256，　a424 ……	缺乏 前瞻性	负向
	c2 政策 灵敏 度高	b8 根据反馈及 时调整政策内容	a25，a32，a60……	政策反馈 及时	正向
		b5 配套政策支持	a73，　a120，　a176	政策间 相互 支持性	正向

---

① 该表由笔者根据开放性编码结果绘制。

表4-10(续)

核心范畴 （7个）	主范畴 （19个）	主要概念 （49个）	初始概念 （546个）	范畴 属性	范畴 维度
A2 政策 对象 行为 （172）	c11 政策 对象的 合作行为	b24 政策对象的 增收策略	a5，a149，a151……	积极行为 反馈	正向
		b26 政策对象的 进步理念	a160，a161，a278 ……	积极观念 反馈	正向
		b29 政策对象的 政策满意度	a145，a146，a147 ……	政策 满意度高	正向
		b28 政策对象的 参与感提升	a169，a234，a261 ……	参与感 提升	正向
	c12 政策 对象的 逃避策略	b27 政策对象不 履行义务	a45，a46，a48……	消极行为 反馈	负向
		b7 收益缓慢的 产业项目不易被 接受	a52，a102，a103 ……	不易执行 项目	负向
	c13 政策 对象能力 制约	b25 政策对象的 技能和素质较差	a63，a140，a142 ……	能力 制约	负向
		b30 政策对象对 政策内容的了解 程度低	a252，a495	政策认知 程度低	负向
	c16 政策 对象落后 的风俗 观念	b31 政策对象缺 乏远见	a178，a268，a277 ……	理性 经济人	负向
		b32 政策对象的 落后价值观	a47，a64，a88……	落后的 价值观	负向
		b14 落后的风俗 和生活习惯	a155，a159，a164 ……	不良 习惯	负向

表4-10(续)

核心范畴 (7个)	主范畴 (19个)	主要概念 (49个)	初始概念 (546个)	范畴 属性	范畴 维度
A3 政策 执行 环境 (166)	c1 产业 支撑	b1 产业发展梗 阻	a76，a77，a337……	产业阻碍	负向
		b15 地区的产业 发展潜力	a44，a94，a194……	特色产业 潜力	正向
		b20 挖掘地区人 力资本优势	a86，a196，a197 ……	人力资本 潜力	正向
	c7 环境 制约	b16 人文环境制 约	a19，a65，a68……	主观环境 制约	负向
		b17 自然环境制 约	a36，a192，a273 ……	客观环境 制约	负向
		b38 硬件基础环 境制约	a13，a15，a18……	基础条件 制约	负向
	c9 传统社会 体制优势	b10 传统社会体 制的协调和约束 优势	a10，a14，a16……	传统体制 优势	正向
	c18 政策执行 制度环境	b23 政策对象的 参与机制	a348，a376，a388 ……	参与路径	正向
		b40 政策执行者 的激励缺失	a380，a55，a56……	激励机制 缺失	负向
		b48 自上而下的 监督机制	a8，a9，a11……	监督机制 严格	正向
		b49 自下往上的 需求耦合机制	a4，a21，a28……	供需 耦合性	正向
A4 政策 利益 相关者 行为 (26)	c10 政策的 利益 相关者 策略	b12 利益相关者 的消极策略	a59，a101，a353 ……	临界 监测户 不公平感	负向
		b13 利益相关者 寻求机会	a143，a186，a354 ……	非监测户 的积极 策略	正向
		b19 社会组织参 与行动	a105，a106，a107 ……	社会组织 行为	正向

表4-10(续)

核心范畴 (7个)	主范畴 (19个)	主要概念 (49个)	初始概念 (546个)	范畴 属性	范畴 维度
A5 政策 执行 策略 (56)	c14 政策的 过度式 执行	b22 执行政策方式过度	a221，a222，a224……	不适当执行	负向
		b44 执行政策的目标替代	a37，a42，a58……	以其他政策目标补偿	负向
	c15 政策的 门槛式 执行	b9 内生动力激发策略	a93，a96，a122……	有条件的间接执行	正向
		b43 政策对象支持获得策略	a115，a118，a148……	有效沟通方式	正向
A6 政策 执行 主体 能力 (52)	c5 横向 部门间的 协作能力	b18 灵活运用政策相互补充	a50，a100，a183……	政策互补	正向
		b45 政策执行组织横向部门的统筹	a3，a30，a22……	跨部门协作	正向
	c6 基层 政策执行 网络构建 能力	b39 政策执行团队的构建	a228，a229，a317……	团队协作	正向
	c8 末梢 政策 执行者 行动能力	b2 基层村两委协作	a108，a320，a338……	末梢执行者促进策略	正向
		b3 村两委的素质和能力结构	a38，a39，a40……	末梢执行者能力制约	负向
		b4 基层矛盾化解主体	a7，a213，a541……	末梢执行者优势	正向
	c17 基层 干部能力	b41 基层干部能力和素质	a1，a53，a251……	基层干部能力	正向
		b42 政策执行者对环境的融入能力	a2，a112，a113……	基层干部环境适应性	正向

表4-10(续)

核心范畴 (7个)	主范畴 (19个)	主要概念 (49个)	初始概念 (546个)	范畴 属性	范畴 维度
A7 政策 资源利用 效率 (24)	c19 政策 资源	b33 政策间资源 分配不均	a502，a519，a520	资源分配 不均	负向
		b36 政策配套设 施或资源不完备	a41， a191， a198 ……	资源配套 不足	负向
		b47 政策资源有 效利用率低	a206，a225，a401	资源浪费	负向
		b11 政策资源分 配机制灵活	a12，a29，a31……	资源分配 机制灵活	正向

二、主轴编码——分析影响要素间的叙事逻辑

上一节主要通过开放性编码分析归类得到 7 个影响要素：政策内容适当性、政策对象行为、政策执行环境、政策利益相关者行为、政策执行策略、政策执行主体能力、政策资源利用效率。本节在开放性编码的基础上进行主轴编码。主轴编码是"将概念相互贯穿或联系起来"① 的过程，其主要任务是"发现和建立概念类属之间的各种联系，以表现资料中各个部分之间的有机关联"②。根据陈向明（1999）的看法，这些概念类属之间的有机联系可以是因果关系、先后关系、对等关系、类型关系，也可以是过程关系、情景关系、相似关系、策略关系等。科宾和施特劳斯（2015）在《质性研究的基础：形成扎根理论的程序与方法》一书中所呈现的扎根案例，就是从挖掘概念范畴的阶段关系入手来进行主轴编码的。对于主轴编码而言，各概念范畴间的任一逻辑关系都值得挖掘，但该过程并不是对多范畴进行多种关系的挖掘，而是"每一次只对一个类属进行深度分析，围绕着这一个类属寻找相关关系，因此称之为'轴心'"③。

主轴编码目前被学者们认可度较高、应用率较多的典范模型是"因果条件

---

① 科宾，施特劳斯. 质性研究的基础：形成扎根理论的程序与方法 [M].朱光明，译. 重庆：重庆大学出版社，2015：206.
② 陈向明. 扎根理论的思路和方法 [J]. 教育研究与实验，1999（4）：58-63，73.
③ 陈向明. 扎根理论的思路和方法 [J]. 教育研究与实验，1999（4）：58-63，73.

—现象—脉络—中介条件—行动/互动策略—结果"① 逻辑，该逻辑关系通过六个部分完整形成了一个事件的叙述流程。在此基础上，陈向明对"脉络"和"中介条件"进行改良，提出一个叙事逻辑，即"因果条件—现象—情景条件—干预条件—行动/互动策略—结果"，这一范式更加符合本书研究的需求。本书采用该逻辑对7个影响因素进行主轴编码，厘清7个因素之间的相互关联，从而形成本书研究探索出的影响要素间的叙事逻辑（如图4-4所示）。

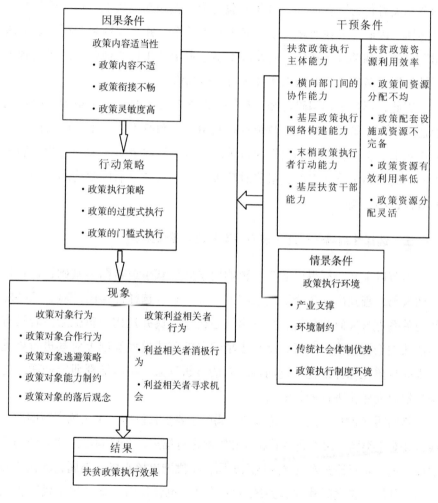

图 4-4　7 大影响因素间的叙事逻辑

---

① 李志刚. 扎根理论方法在科学研究中的运用分析 [J]. 东方论坛, 2007 (4)：90-94.

如图 4-4 所示，基本的叙事逻辑是：因果条件在情景条件和干预条件下通过行动策略造成一定的现象，现象反馈给因果条件继而引起因果条件的变化和调整。在 7 个影响因素中，"政策内容适当性"是因果条件，是造成现象的最根本要件，"政策执行环境"是情景条件，"政策执行主体能力"和"政策资源利用效率"是干预条件，"政策执行策略"是行动策略，"政策对象行为"和"政策利益相关者行为"是现象。其中，"政策利益相关者行为"范畴和"政策对象行为"范畴在类属上都属于政策执行的客体，因此二者在逻辑关系上处于并列关系，并且在资料分析中也表现出明显的并列关系。现象一般在该叙事逻辑中处于核心地位，结果是现象反馈给因果条件之后对因果条件进行调整和修正。

因此，通过主轴编码可知，7 个核心要素之间的叙事逻辑为：政策内容适当性在政策执行环境、政策资源利用效率和政策执行主体能力的干预和影响下，会产生不同的政策执行策略，从而使政策对象和利益相关者采取不同的行为策略和态度，最终对政策执行效果产生消极制约的影响或者积极促进的影响。

三、选择性编码——选择核心要素并建立逻辑关系

本节以上文分析得出的 7 个影响要素间的叙事逻辑图为基础，进行选择性编码，查找出这 7 个要素之间的核心要素。选择性编码是对各范畴之间的关系进行编码和分析，挑选出核心概念类属并建构逻辑框架。若没有相似的理论框架作为参考，就在主轴编码的范式模型基础上对其进行更进一步的具象化和详细化，进而构建新的分析框架，用以解释研究问题。这是扎根研究建构理论的精髓所在。

陈向明（1999）提出，选择性编码的主要步骤包括"①明确资料的故事线；②对主类属、次类属及其属性和维度进行描述；③检验已经建立的初步假设，填充需要补充或发展的概念类属；④挑选出核心概念类属；⑤在核心类属与其他类属之间建立起系统的联系"①。也就是用一条"故事线"将核心范畴串联起来，以这个核心范畴作为要素建构起一个逻辑清晰的理论框

① 陈向明. 扎根理论的思路和方法 [J]. 教育研究与实验，1999（4）：58-63，73.

架。通过主轴编码，本书已经确定了7个核心范畴之间的逻辑关联，即获得了串联7个核心范畴的"故事线"，同时确定核心类属为"政策执行策略"。

"政策对象行为"核心类属具有以下几个特征：第一是与其他核心范畴之间都存在有机联系；第二是"政策对象行为"所有的初始概念以最大频度出现在文本资料中，"政策对象行为"类属下共包含172个初始化概念，占总初始化概念的31.5%①，在7个核心范畴中居初始化概念占有率的首位；第三是该核心类属与其他核心范畴之间的关系是通过显而易见、自然而然的观察获得的，并没有强制性建立联系的痕迹。"政策对象行为"核心范畴的这几个属性都符合陈向明（1999）对核心类属的属性定义，因此该核心范畴作为此次建构理论的核心类属具有充足的依据。"政策利益相关者行为"范畴和"政策对象行为"范畴在类属上都属于政策执行的客体，因此二者在逻辑关系上为并列关系。

综上，本书以选择型编码发现的核心要素——"政策对象行为"（并"利益相关者行为"）作为核心，结合主轴编码对7个要素之间构建出的逻辑关系，构建出7要素的逻辑图（如图4-5所示），以此为下文提出研究假设提供参考依据。

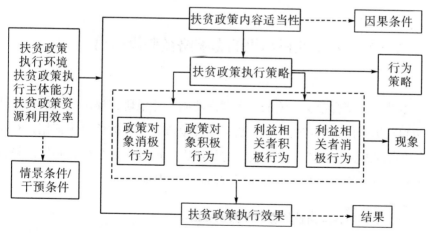

图4-5　凉山州扶贫政策执行7个影响因素的逻辑关系

---

① 该数据计算公式为：核心类属所有初级概念个数/总的初级概念个数×100% = 172/546×100% =31.5%。

四、理论抽样与理论饱和度检验

理论抽样是一种建立在概念/主题基础上的资料收集方法，这些概念/主题也来自资料。其目的是"从地点、人物和事件来收集资料，最大化地从属性和维度上形成概念、揭示变量以及寻找概念之间的关系"[1]。理论抽样是伴随着资料收集和资料分析的过程的，是以概念为导向的抽样方式，具体操作是在不断的资料分析中得出概念，再从概念中提出新的问题，继而在下一轮资料收集中回答这个问题，让概念不断得到发展和丰富，该过程一直要持续到理论达到饱和，即不再出现新的类属和维度，概念能够被饱满地界定为止，若没有达到饱和，就要将新的证据加入进去，若达到饱和，则说明各范畴维度已经充分，具备了建构理论框架的基础。

本书的理论抽样从调研伊始就开始进行，从始至终贯穿整个研究过程。因此，为了确保研究结果的可靠性和准确性，笔者从研究开始就不断进行理论抽样。为了检验理论是否饱和，笔者重新对 10 位基层干部和监测户进行访谈，由于条件限制，第二轮访谈采取了电话访谈的方式，访谈中没有再出现新的概念范畴和维度，理论达到饱和。

第五节　基于扎根结果的影响路径假设提出

本节主要结合前文介绍的三大理论基础和扎根研究提出的凉山州扶贫政策执行影响因素的逻辑关系分析，以扎根研究获取的信息为依据，对这 7 个要素的内涵和对扶贫政策执行的具体影响进行深入分析，并提出相应的研究假设，为下一步实证分析影响路径打下基础。

一、政策内容适当性的影响及假设提出

政策内容适当性指的是政策内容对脱贫地区现实情况的适用性、政策

---

[1]　科宾，施特劳斯. 质性研究的基础：形成扎根理论的程序与方法 [M]. 3 版. 朱光明，译. 重庆：重庆大学出版社，2015：153.

调整前后的一致性和政策稳定性。该要素对政策执行的影响主要体现在三个方面：①政策内容与基层的实际情况的耦合度。如果政策内容缺乏供需耦合性的考量，则无法获得政策对象的支持和参与。郭小聪等人（2019）认为扶贫政策本身与基层的需求和实际情况不符会导致政策的策略性执行，从而降低政策执行的有效性。②政策内容调整前后的一致性和稳定性对政策执行成效的实现有影响。有学者认为基层政策执行主体对政策偏差的调适会催生"政策的非连续性"①，从而助长了贫困农户的机会主义。赵静的研究也发现高程度的自由裁量权会导致政策执行的多样化，从而导致政策的波动和跃迁，进而对产业发展产生损害，最后得出"政策的稳定性是产业发展的必要保障"②的结论。同样地，若扶贫政策缺乏一致性和稳定性，就会加剧政策对象的不满和矛盾，引发政策对象采取消极策略，从而导致政策执行受阻。③政策内容的弹性。政策弹性小会压缩基层执行者的行动空间，僵化政策执行过程，政策弹性大意味着给予基层执行者更多的自由裁量权，但也因此为基层执行者提供了寻租的空间，因此政策内容的弹性过大或者过小，对政策执行结果都有消极影响，只有适度且灵活的政策内容，才能更好地提升政策对象和利益相关者的满意度和公平感。

通过上文扎根研究的原始材料也发现，政策内容与当地情况不符合以及政策内容调整前后衔接性差会造成政策对象做出消极的应对行为，从而对政策有效执行造成影响。访谈的证据如下：

"最开始实行的是彝家新寨（政策），最开始是17 000元，后面就变成了25 000元，之后又在2017年涨到了3万元，到了2018年增加到了4万元。异地搬迁以前是没有的，是2017年开始实施异地搬迁的。易地搬迁集中安置的搬迁资金是以人头来算的，一个人是6万元，这6万元包括活动室、医院、学校、住房等，但是异地搬迁的资金多得多，所以底下的农民也有意见，（大家）都是差不多的，而且都在一个地方，有些就享受异地搬迁（政策），有些就享受彝家新寨（政策），这样有些人就产生了不

---

① 陈辉，陈讯.精准扶贫实践中的政策执行偏差及其调适 [J].中共福建省委党校学报，2018（9）：86-92.

② 赵静.决策删减—执行协商：中国山西煤炭产业政策过程研究 [D].北京：清华大学，2014.

满。"（受访者 M）

诸如此类的访谈内容还有很多，在此不再一一赘述。根据上文对政策内容适当性对政策执行效果的影响的理论梳理和访谈依据，现对扶贫政策内容适当性，从政策内容适洽——指政策内容适应当地实际情况并能根据实际情况及时做出调整，以及政策内容不适——政策内容不适应当地实际情况并缺乏调整的灵活性，进行分析。

综上，政策内容的耦合性、稳定性和适度弹性，会影响政策执行者采取不同的政策执行策略，继而影响政策对象和利益相关者的行为，最终促进或阻碍扶贫效果的达成。基于以上论述，现提出以下假设：

对政策内容适洽提出以下研究假设：

H1：政策内容适恰对政策执行效果有正向影响。

H2：政策内容适恰对政策执行策略选择有正向影响。

H3：政策内容适恰对政策对象的积极行为有正向影响。

H4：政策内容适恰对政策利益相关者的积极行为有正向影响。

对政策内容不适提出以下研究假设：

H5：政策内容不适对政策执行效果有负向影响。

H6：政策内容不适对政策对象的消极行为有正向影响。

H7：政策内容不适对政策利益相关者的消极行为有正向影响。

二、政策执行策略的影响及假设提出

政策执行策略是本研究得出的一个重要的影响要素，主要指的是政策执行者执行政策的方式方法。这种方式方法是直接作用于政策对象的，因此适当的政策执行方式就显得尤为重要。目前针对政策执行策略的相关研究较少，但也有学者科学探讨了政策执行方式对政策对象的影响。傅晨和狄瑞珍（2000）通过对我国贫困农户的定量化研究得出农户是理性的结论，认为中国适宜采取间接式扶贫方式，可见间接式政策执行方式是能够有效激发农户内生动力的有效手段。调研发现，基层政策执行者大部分都掌握不好政策执行的"度"，因此存在"过度式"执行策略和"门槛式"执行策略两种，而这两种策略对扶贫政策执行的影响也有所不同。

（一）"过度式"政策执行策略

"过度式"政策执行方式的主要特征是：对政策对象的"有求必应式"帮扶、"直接式"给予和"交换式"参与。"有求必应式"帮扶、"直接式"给予、"唱高调式"发展和"交换式"参与都助长了政策对象等懒靠思想的形成和伸手就要习惯的养成。这种方式实际上是以政策资源的大量消耗来获取即时短期的政策执行效果，但不仅不能激发政策对象的内生动力和积极回应，同时还具有浪费政策资源和激化利益相关者矛盾的副作用。这种策略一旦停止，直接后果表现为骤然升高的贫困发生率。这种以政策资源的大量消耗来获取短期效果的执行策略不仅不能激发政策对象的内生动力和积极回应，还浪费了政策资源，激化了政策对象和利益相关者之间的矛盾。

（二）"门槛式"政策执行策略

"门槛式"政策执行方式是相对于"过度式"政策执行方式提出的，具有"有底线式"帮扶、"有条件式"给予、"主动式"参与的特征。"有底线式"帮扶主要指的是政策执行实现"两不愁三保障"，使政策对象实现脱贫即可；"有条件式"给予主要指的是在发放帮扶物资的时候不是直接给予，而是有条件地把这些物资发给政策对象，以实现物资的有效利用；"主动式"参与指的是政策对象不需要某种物质激励，主动配合并积极参加各类增收政策。常见的这种策略有"以购代捐""以奖代补""以工代赈""道德超市"等。"门槛式"执行策略不仅能有效利用政策资源，还能有效激发政策对象的内生动力和参与积极性，同时还能为利益相关者提供参与产业发展的路径。因此，该执行策略能有效巩固拓展脱贫攻坚成果。

本次扎根研究也发现，由基层干部提出的"门槛式"政策执行策略，如以奖代步、以购代捐、以工代赈等间接式政策执行策略都能够更有效地激发政策对象的内生动力和政策参与积极性，从而提高政策执行成效。访谈的证据如下：

很多在脱贫攻坚时期未被评为贫困户的农户的真实想法是："为什么我不是贫困户，贫困户那边就送电视送物资给他，但是我要通过很勤奋的努力才能得到这些东西。"脱贫攻坚时期由于精准识别，在农村中造成了一定的不公平，所以说一定要提一个"门槛式"的政策执行方式，就是要有条件地帮扶。（受访者 L）

有些地方一桶油、一袋米都要发下去，但我们就收集起来，在全村统计哪家养了老母猪（增收策略），养了的那户就给他一桶油一袋米作为奖励。通过这样的方式，我们的产业也慢慢发展起来了，而且也提高了老乡的获得感。以前我们搞环境卫生评比，发洗脸帕洗脸盆等，但后来发了之后出现老乡不认账的问题，后来就不再直接给他们物资了，而是用买物资的资金买鸡鸭（一只鸡鸭二三十元）送给村民，村里负责找销售渠道，然后给养鸡的监测户补贴，一只鸡补贴 5 元钱，还有 2 元钱的饲料药费，不养的人就没有这个补贴，村民个人也认账，所有农户都是这样（政策一致）。这样执行以后老百姓的获得感更强了。有一次我们联系到了一批电饭煲的资助，也是在全村发，矛盾大得很，但是和老乡斗是永远不可能赢的（笑），而且这个地方还存在吸毒贩毒的情况，所以我们就想了一个方法，通过改变发物资的方式来解决这两个问题。就是给家庭评各种奖，比如和谐家庭、发展家庭、文明家庭、卫生家庭等，采取这样的方法之后，大家分物资的矛盾也没有了，所以说执行政策的方法是很重要的。（受访者 L）

通过以上证据发现，政策执行的策略不仅会影响政策对象的行为策略，对利益相关者的行为策略也有很重要的影响。适当的政策执行策略不仅会有效激发政策对象的内生动力，提高政策执行效果，还能提高政策执行的公平公正性，从而减少基层社会的矛盾和冲突。

综上，扶贫政策执行策略主要受到政策内容、政策执行环境、政策资源利用效率和政策执行主体能力的影响，通过影响政策对象和利益相关者，来对政策执行效果产生影响。基于以上论述，提出以下假设：

H8：政策执行的"门槛式"执行策略对政策对象积极行为有正向影响。

H9：政策执行的"门槛式"执行策略对政策对象消极行为有负向影响。

H10：政策执行的"门槛式"执行策略对利益相关者的积极行为有正向影响。

H11：政策执行的"门槛式"执行策略对利益相关者的消极行为有负向影响。

三、政策对象行为的影响及假设提出

政策对象主要指的是政策执行中的监测户。通过阿玛蒂亚·森的能力贫困理论可知，要从教育、医疗、文化等多元路径提升政策对象自身的可行能力，激发其内生动力，才能帮助他们彻底打破贫困循环，实现脱贫的稳定性和可持续性。但是能力培养和提升的过程受到政策对象思想观念、行动策略、自身能力基础等因素的制约。政策对象对政策执行的影响主要是从他们的合作行为、逃避策略、能力制约和落后的风俗观念这四个方面体现的。

（一）政策对象的合作行为

政策对象的合作行为如政策对象的增收策略、进步理念、政策满意度和积极参与感都能有效提高扶贫政策成效。

（二）政策对象的逃避策略

政策对象的逃避策略主要指的是政策对象主观上逃避自身在政策执行中应承担的义务的一种行为，主要包括政策对象不履行义务，不愿接受收益缓慢的产业项目。政策对象不履行义务具体表现为"等靠要"的懒惰思想及行为、对产业发展不予配合。政策执行对象的逃避策略会对政策执行造成梗阻，不利于政策执行和政策目标的实现。

（三）政策对象的能力制约

政策对象的能力制约主要指的是政策对象自身客观上所存在的缺陷或不利于经济发展的一些客观要素。主要包括政策对象的技能和素质较差，政策对象对政策内容的了解不足，这些因素都会制约扶贫政策执行成效的实现。

（四）政策对象落后的风俗观念

政策对象落后的风俗观念主要体现在两个方面：一是在生活习惯方

面，凉山州在脱贫攻坚战略实施之前，由于经济条件制约，当地居民常年于人畜同居，无条件养成良好的生活习惯；二是凉山涉彝地区在婚丧嫁娶方面的礼金很高，丧事也办得比较铺张浪费。凉山州人民落后的风俗习惯和观念，在脱贫攻坚时期也对该地区的脱贫造成了一定的梗阻，在过渡时期，如果这种落后的风俗观念得不到扭转，也会成为致贫返贫的原因之一。

既有研究多从政策对象的参与问题来分析政策对象行为对政策执行的影响。张广来和廖文梅（2018）的研究认为完善基层民主协商制度，完善政策对象的参与渠道，能够有效提高政策执行成效。陈坚（2017）也提出目标群体的参与度低会造成扶贫政策执行困难。上文扎根研究发现，政策对象在政策执行中的行为主要有合作行为、逃避策略以及政策对象个体的能力素质、风俗观念上的短板和制约。合作行为包括政策对象的增收策略和进步理念，以及政策对象积极参与政策执行；逃避策略主要包括政策对象不合作、不承担自己应承担的义务，以及自身知识技能和习惯观念上的制约。访谈发现政策对象的积极策略对政策执行效果有促进作用，而其消极策略会导致政策执行的有效性降低。

综上来看，政策对象受到其他各要素的影响，其行为直接影响并体现了政策执行效果。基于以上论述，提出以下假设：

H12：政策对象的积极策略对政策执行效果有正向影响。

H13：政策对象的消极策略对政策执行效果有负向影响。

四、政策利益相关者行为的影响及假设提出

政策利益相关者主要指的是在脱贫攻坚时期没享受过扶贫政策，但却受到扶贫政策执行影响的其他村民群体。这部分群体在脱贫攻坚时期的公平感和获得感等主观感受受到较大冲击，这种冲击在脱贫攻坚时期基层政策执行中引起了一定的基层社会矛盾。既有的研究对利益群体的关注较少。很多（脱贫攻坚时期的）基层政策的实践案例表明，利益相关者尤其是临界农户——在脱贫攻坚时期经济状况比贫困户好不了多少的非贫困户——的公平感受到了较大破坏，因此曾一度对基层政策执行者的工作带来很多困难。尤其是过度式政策执行方式会进一步激化这一部分利益相关者的不满和矛盾。而门槛式的政策执行方式则会缓和利益相关者的不公平感。在巩固拓展脱贫攻坚成果的过渡时期，我们不仅要关注已脱贫农户的返贫问题，也要关注曾经未享受过扶贫政策的其他村民的致贫返贫问题，这样才能更有效地杜绝基层返贫风险的发生。利益相关者在政策执行过程中采取积极寻求自身发展的策略，或者因为政策执行产生的不公而产生不满心理，进而激发利益相关者的消极策略甚至矛盾冲突。基于此，特提出以下两个假设：

H14：政策利益相关者的积极行为对政策执行效果有正向影响。

H15：政策利益相关者的消极行为对政策执行效果有负向影响。

五、政策执行环境的影响及假设提出

政策执行环境主要指的是促进或者阻碍当地政策执行和实施的环境因素，主要包括自然环境、经济环境、社会环境、文化环境和制度环境等。在宋雄伟（2014）的政策执行网络模型中，执行环境对政策执行结果的影响贯穿于整个政策执行过程，主要包括制度、政策目标输入过程、政治支持度、社会体制、利益团体等。也有学者从传统社会体制层面来分析环境要素，邢成举和李小云（2013）认为政策对象参与度低的原因是传统的社会结构和规则的制约，但是此次扎根发现传统社会体制其实对政策执行成效也有积极影响，主要依赖于政策执行的传统体制利用策略。从凉山州的实际情况来看，当地特有的彝族人文环境和传统的家支社会体制对扶贫政策执行效果会有积极的影响作用。

影响凉山州政策执行的环境因素主要有产业支撑环境、自然人文环境制约、传统社会体制优势三大类。产业支撑环境包括产业发展的潜力、产业发展的阻碍和人力资本的潜力；自然人文环境制约主要指的是凉山州在自然环境、人文环境和基础设施环境三方面存在自然环境恶劣、人文素质较差（受教育程度普遍偏低）、基础设施条件差的劣势；传统社会体制优势指的是彝族传统的家支制度，彝族家支在政策执行中起着重要的协调、沟通和约束的积极作用。这三类环境因素对凉山州基层政策执行的影响主要体现在以下几个方面：

（一）产业支撑环境的影响

凉山州的产业发展环境对脱贫的消极阻碍主要体现在以下几个方面：第一，村级产业未形成规模。第二，产业的发展未形成产业链，降低了产品的商品附加值，从而无法有效提高产品价值。第三，交通不便对电商的发展形成了一定的阻力。第四，销售渠道过于狭窄，主要依赖于政府寻求销售路径，造成巩固脱贫成果的可持续性受损。第五，技术指导环境较差，产业发展所需专业技能欠缺，且政策对象学习能力较差。这五方面都是凉山州扶贫政策执行的产业环境中的阻碍因素。而产业支撑环境中有一个要素对凉山州政策执行有着积极促进的影响，即凉山州山区居住的村民具有高海拔地区作业以及高空作业等对个体身体素质要求较高的人力资本优势，在相关领域务工人员较多，有利于为已脱贫人群创造增收机会，提高脱贫稳定性。

（二）自然人文环境制约的影响

凉山州的自然人文环境制约的影响主要体现在以下几个方面：第一，已脱贫地区就业人口受教育程度相对较低（当前凉山州的教育环境已得到极大改善，但是教育是一项长期事业，其提高人口素质的成效需一段较长时间才能显现）。第二，当地的自然环境条件（山地和高海拔地区居多，适宜种植的土地较少）加大了扶贫难度。第三，当地的基础设施条件在脱贫攻坚时期虽然得到极大改善，但是后续长期维护所需的资金（每年雨季发生的泥石流、地震等自然灾害容易对已建设好的道路等硬件基础设施造成破坏）也可能成为造成地区致贫返贫的风险因子之一。

（三）传统社会体制优势的影响

凉山州的传统社会体制优势的影响主要体现在以下几个方面：第一，从协调方面来看，家支的主要作用是教育、沟通、说服、引导，有利于促进政策执行主体和政策对象之间的沟通和协作。第二，家支的约束作用有助于规范政策对象行为，从而促进政策的强制性和约束性内容的落实，主要体现在禁毒防艾、移风易俗方面的政策执行。第三，家支制度有助于提高一系列扶贫相关的政策宣传效率。因此，凉山州特有的传统家支社会制度对扶贫政策实施有着一定的帮助作用。

综上，政策执行环境的影响贯穿于整个政策执行的过程，从政策内容执行的适当性，到政策执行主体的策略选择，再到政策对象和利益相关者的行为及策略都有着积极的促进作用或者消极的制约作用。环境的改善不仅能够为政策对象采取积极的增收策略创造充足的外部条件和环境，还能通过脱贫地区整体环境的改善使利益相关者受益，从而对激发脱贫地区群众的积极行为有着重要的推动作用，据此提出以下研究假设：

H16：政策环境在政策内容适恰与政策执行效果之间起调节作用。

六、政策执行主体能力的影响及假设提出

本书的政策执行主体主要指的是执行政策的组织、团队和个体。组织主要包括自上而下的各级政府、各级政府横向上的各职能部门；团队主要指的是基层政策执行团队（由一线干部构成）；个体包括直接面对政策对象的基层干部和村两委。核心要素主要包括横向部门间的协作能力、基层政策执行网络构建能力、末梢政策执行者行动能力、基层干部能力这四个内容。政策执行主体中的部门间关系和执行者之间的关系，呈现出政策网络理论中的网络特点，各部门间、各基层执行者之间形成了良好的互动、合作和协同的关系，从而实现了资源的高效配置和整合，这也是我国基层政策执行取得巨大成效的重要因素之一。他们对扶贫政策执行的影响主要体现在以下几个方面：

（一）横向部门间的协作能力

横向部门间的协作能力指的是不同部门的政策相互补充以及政策执行组织各横向部门之间的统筹和协作的能力。根据整体性治理理论，政府各部门通过信息技术的运用，打破各自为政的碎片化壁垒，实现部门优势资源和权力的整合，能够为人民提供更高效的公共服务。因此，横向部门间的协同合作能力对扶政策执行起着正向促进作用。主要体现在：第一，在同级政府的不同部门间实现政策的相互补充，能更好实现扶贫的政策目标，能更有效地解决基层的矛盾和问题。第二，横向组织各部门之间在政策、资源、人力、监督上的统筹协作，使政策执行主体的力量实现最大化。

（二）基层政策执行网络构建能力

基层政策执行网络构建能力指的是基层政策执行者所构成的政策执行团队的团队协作能力。在马什和史密斯的政策网络与政策结果模型中，行动者技能是其中的重要因素之一，而行动者自身具备的先天能力和后天学习技能，以及行动者可支配的政策资源，搭建起了网络结构和网络互动，最终对政策执行结果产生影响。本研究发现基层政策执行主体中存在由个体行动者组成的"网络"，而基层政策执行网络中行动者之间的良性互动和网络结构的稳定和谐，都促进了政策执行效果的实现，这正好回应了马什和史密斯的研究成果。基层政策执行网络主要包括乡级的干部——乡长、乡党委书记，然后包括村级干部——驻村第一书记、驻村帮扶队员、村两委、村文书和村会计等。基层政策执行团队中，不同个体之间通过优势互补形成合力，能有效提高扶贫政策成效。

（三）末梢政策执行者行动能力

末梢政策执行者行动能力指的是村主任和村支书的个人能力和素质。村两委是化解基层矛盾的主体，在一线工作中直接面对村民进行协调沟通，起着化解矛盾的重要作用，也能激化矛盾，因此村两委个人的素质和能力对稳定性脱贫非常重要。

（四）基层干部能力

基层干部能力主要指的是基层政策执行者个体的价值理性、能力素质。基层干部的知识储备、学习能力和观念眼界对执行政策起着很大的作用。先进理念和意识能够为基层工作提供创新的思路；环境融入能力有助于基层干部快速适应并融入陌生环境，包括与村民顺畅交流的能力，对交通条件、自然环境、气候环境的融入能力等。在调研中发现，基层干部能力较强的地区，农户的增收能力也较强，扶贫政策执行效果普遍较好。

综上，政策执行主体的能力贯穿于政策执行过程当中。政策执行主体的能力在其采取具体的政策执行策略、与政策对象的沟通互动以及解决临界监测户等利益相关者的不满情绪等方面都有重要作用。政策执行者的能力在政策执行的整个过程中都起着重要的影响作用。因此针对该要素提出以下假设：

H17：政策执行者能力在政策内容适恰与政策执行效果之间起调节作用。

七、扶贫政策资源利用效率的影响及假设提出

政策执行资源指的是在政策执行当中可供政策执行者支配用以执行政策的一切物质资源、财政资源、人力资源和基础硬件资源。这些资源是政策执行的基础。政策执行资源的分配效率和利用效率会影响政策执行的成效。资源分配合理能有效激发政策对象的内生动力，缓解利益相关者的不公平感；反之则会挫伤政策对象的积极性，并进一步激化利益相关者与政策对象之间的矛盾。

同样地，政策执行资源利用效率对政策执行的影响贯穿于政策执行过程中，对政策执行策略、政策内容适用性、政策对象和利益相关者都有影响，继而影响政策执行效果。因此特提出以下假设：

H18：政策资源分配在政策内容适恰与政策执行效果之间起调节作用。

综上，根据本章的扎根研究结论，挖掘出 7 个影响扶贫政策执行的变量，通过访谈证据对各变量的影响路径进行分析并提出相应的假设，共提出 18 个假设，为下文对这些假设进行实证检验提供了前置研究基础。

第五章 凉山州扶贫政策执行影响因素的影响路径实证分析

　　本章将进行混合方法研究（MMR）的第二个步骤，即对质性研究探索出的研究变量及其路径进行量化的实证分析。本章的目的在于对扎根发现的 7 个影响要素是如何影响扶贫政策执行效果的进行实证分析。具体方法是运用结构方程模型对第四章提出的假设进行实证检验来说明这些影响路径的科学性和准确性；具体操作是对整个凉山州已脱贫地区进行大范围问卷调研，运用结构方程模型对上文提出的 18 个假设进行量化验证，以此对各要素影响扶贫政策执行效果的路径进行实证分析，得出具有一般性的研究结论。凯西·卡麦兹（Charmaz K，2009）认为，在扎根理论的研究中，质性数据应尽可能量化，实现质性研究方式和定量研究方式的结合，通过这种相互结合以弥补对方的弱势。这也为扎根之后进行量化检验提供了方法上的理论依据。本章将以凉山州为调研区域大范围发放调查问卷，尽可能获得足够的量化数据，通过对这些数据进行结构方程模型的量化研究对 7 个影响因素对凉山州扶贫政策执行的影响路径进行实证分析和探讨。

　　本章首先根据第四章提出的研究变量和假设，确定各变量测量维度并设计问卷；其次在凉山州范围内随机抽取部分脱贫县的基层干部作为预调研对象进行问卷发放，通过探索式因子分析（EFA）找出各变量的构成维度并对各量表的信效度进行初步检验，根据此结果对部分题项进行删减与修正；最后使用修正的问卷在凉山州范围内进行大规模抽样调查，通过验证式因子分析（CFA）对各量表的组合信度、聚敛效度和区分效度进行了检验，并在此基础上继续进行路径分析（PA），构建结构方程模型

（SEM）对第四章提出的研究假设进行验证和修正，以此方式来论证 7 个影响因素及其影响路径的科学性和准确性。

第一节　问卷设计与测度

一、问卷设计

问卷按照 7 个影响要素（7 个自变量）和扶贫政策执行效果（1 个因变量），一共 8 个变量来进行问题设计。问卷共分为两部分，第一部分为受调研者的基本情况，主要围绕性别、年龄、工作岗位、学历、政治面貌和婚姻状况等内容设计了 8 个基础问题；第二部分是政策执行效果的影响因素调查，首先对扶贫政策执行效果进行问题设置，然后对扎根总结出的政策内容、政策执行环境、政策执行主体、政策执行方式、政策执行资源、政策对象和利益相关者 7 个影响因素进行问题设置，8 个变量的所有问题都使用李克特五点量表进行测量，按照受访者对每一问题的同意程度从 1~5 分对这些变量进行计分，1~5 分分别代表完全不同意、比较不同意、中立、比较同意和非常同意。具体的问题内容设计如下：

（一）对扶贫政策执行效果的测量

一般通过政策执行效果对政策执行进行评价，因此本书主要从效果维度对扶贫政策执行展开分解和测量。本次调查问卷主要从环境的改善、物质条件的改善、知识技能的提升、精神观念的进步和政策满意度这几个层面来设计政策执行效果的问题，具体从基础设施改善情况、村民生活的基本情况、村民的生活习惯改善情况、政策对象增收能力提升、政策对象对政策的满意度情况这 5 个层面设置了 9 个问题。

（二）政策对象行为因素的测量

本书根据扎根研究中发现的政策对象具有合作行为或者逃避策略，以及政策对象自身有的知识技能和观念等主客观方面的制约因素，从政策对象参与政策执行、改善自身经济情况、改变自身生活习惯、参加产业项目的积极性，以及对相关政策的消极行为和逃避策略出发，设计了一个由 7

个相关测题形成的测量量表。

（三）政策执行环境因素的测量

本书根据扎根研究中发现的政策执行环境存在的环境制约因素、传统的社会体制方面的一些可利用的优势，还有政策执行的制度环境因素来设计环境因素方面的问题，具体从脱贫地区的产业发展潜力、人力资本潜力、人文环境制约，自然环境制约、基础设施条件的制约、传统社会体制优势、政策执行主体的激励制度、完善的群众参与制度、及时回应对象需求的反馈机制这几个维度出发设计了1个包含9个问题的测量量表。

（四）政策利益相关者行为因素的测量

本书根据扎根研究中发现的利益相关者寻求机会的积极行为，以及不满和冲突等消极策略，从积极和消极两个层面对利益相关者进行测量，具体从利益相关者的不满和冲突、积极寻求发展的机会、对生活环境改善的满意度，以及社会组织的参与这几个维度出发设计了1个包含6个问题的测量量表。

（五）政策内容适当性因素的测量

本书根据扎根研究中发现的政策内容不适、政策衔接不畅、政策灵敏度高，从内容适洽和内容不适两个层面对政策内容的适当性进行测量，具体从政策内容符合实际情况、政策内容调整的灵活性、政策调整后的衔接性、政策内容的弹性、不同部门政策间的有效衔接等几个维度出发设计了1个包含6个问题的测量量表。

（六）政策执行策略因素的测量

扎根研究发现政策执行过程当中存在"过度式"执行策略和"门槛式"执行策略两种执行策略。"过度式"执行策略不仅不能有效实现政策执行的目的，而且对政策成效还起着相反的作用；而"门槛式"执行方式能够有效激发政策对象的内生动力，并获得其支持。由于政策执行方式对政策执行成效有着显著的正向或负向的影响，此次问卷主要从这两个方面来设计政策执行策略相关问题，具体从政策执行者选择执行策略的重要性、基层干部的工作方式方法的作用、无条件给予物资的负面作用、间接式执行策略激发政策对象内生动力的作用、有效沟通方式取得支持和信任作用等维度出发设计了 1 个包含 6 个问题的测量量表。

（七）政策执行主体能力的测量

扎根研究发现政策执行的能力，尤其是组织各部门之间的协调合作能力、基层干部的政策执行网络构建能力、末梢政策执行者的行动能力以及基层干部的工作能力，都对稳定脱贫起着重要作用。因此本书主要从组织、团队和个体这三个层面出发提出与政策执行主体能力相关的 5 个问题，具体包括横向各部门间的相互协作、基层执行团队合作、村两委的沟通协调作用、基层干部的理想和情怀作用、基层干部的环境融入能力。

（八）政策资源利用效率因素的测量

扎根研究发现政策资源的分配是否均衡、资源配套设施、资源有效利用率和分配机制这几方面对政策执行成效有影响，因此本书针对政策资源的影响因素设计了 1 个包含 4 个问题的测量量表，具体包括政策资源分配不均衡、政策执行的硬件资源和配套设施不充足、分配资源的效率低、基层缺乏完善的政策资源分配机制。

二、试调研和探索性因子分析

由于测量扶贫政策影响因素的量表设计的主要依据是扎根研究的结果，因此需要对量表的构成维度进行探索并对信效度进行初步检验，并根据检验结果对问卷的问题进行调整和修改，从而使问卷设计更为科学和准确。笔者于 2021 年 11 月进行了预调研，先在小范围内发放了 150 份问卷，回收 137 份有效问卷并进行了初步分析。

（一）扶贫政策执行效果的间接测量

对间接测量扶贫政策执行效果的 9 个测题进行探索性因子分析，KMO 和 Bartlett 检验显示 KMO 值为 0.935，sig 为 0.000，说明适合做因子分析，并通过主成分分析法、最大方差旋转法对该量表测题进行因子分析，最终从 9 个测题中提取出 1 个因子，累积总方差解释率为 67.466%。将提取出的因子命名为"扶贫政策执行效果"。Cronbach Alpha 系数为 0.937，表示该量表信度很高，其主成分分析矩阵如表 5-1 所示。

表 5-1　间接测量扶贫政策执行效果的主成分分析矩阵[①]

成分矩阵ᵃ	
	成分
	1
基础医疗条件改善	0.722
基础教育条件改善	0.795
已基本实现"两不愁三保障"	0.813
养成讲卫生的良好习惯	0.769
村民的政策满意度提升	0.859
监测户的经济情况改善	0.876
监测户增收能力提高	0.835
监测政策满意度提升	0.870
基层群众的政府满意度提升	0.842
提取方法：主成分分析法	
a. 提取了 1 个成分	

（二）政策对象行为的间接测量

对间接测量政策对象行为的 7 个测题进行探索性因子分析，KMO 和 Bartlett 检验显示 KMO 值为 0.827，sig 为 0.000，说明适合做因子分析。通过主成分分析法、最大方差旋转法及 Kaiser 标准对该量表测题进行因子分析，从 7 个测题中提取出 2 个因子。其中，将"政策对象积极参与政策执行""政策对象积极改善自身情况""政策对象积极改变生活习惯""政策对象积极参加产业项目"4 项归入 1 个公因子，将该公因子命名为"政策对象积极策略"；将"政策对象存在'等靠要'行为""政策对象不承担义务""政策对象对政策内容不了解"3 项归入 1 个公因子，将其命名为"政策对象消极策略"。Cronbach Alpha 系数为 0.765，表示该量表信度较高。其主成分分析矩阵如表 5-2 所示。

---

① 通过 Spss 软件计算得出。

表 5-2　间接测量政策对象行为的主成分分析矩阵①

旋转后的成分矩阵ᵃ		
	成分	
	1	2
政策对象积极参与政策执行	0.872	0.024
政策对象积极改善自身情况	0.914	0.067
政策对象积极改变生活习惯	0.908	0.063
政策对象积极参加产业项目	0.885	0.019
政策对象存在"等靠要"行为	0.013	0.847
政策对象不承担义务	0.059	0.890
政策对象对政策内容不了解	0.051	0.841
提取方法：主成分分析法 旋转方法：凯撒正态化最大方差法		
a. 旋转在 3 次迭代后已收敛		

（三）政策执行环境的间接测量

对间接测量政策执行环境的 9 个测题进行探索性因子分析，KMO 和 Bartlett 检验显示 KMO 值为 0.843，sig 为 0.000，说明适合做因子分析。通过主成分分析法、最大方差旋转法及 Kaiser 标准对该量表测题进行因子分析，最终从 9 个测题中提取出 2 个因子。其中，将"特色产业发展潜力""人力资本优势""传统社会体制优势""完善的干部激励制度""完善的群众参与制度""及时回应对象需求的反馈机制" 6 项归入 1 个公因子，将该公因子命名为"政策执行环境优势"；将"人文环境制约""自然环境制约""基础设施条件制约" 3 项归入 1 个公因子，将其命名为"政策执行环境制约"。Cronbach Alpha 系数为 0.892，表示该量表信度较高。其主成分分析矩阵如表 5-3 所示。

---

① 通过 Spss 软件计算得出。

表 5-3　政策执行环境间接测量的主成分分析矩阵①

旋转后的成分矩阵ª		
	成分	
	1	2
特色产业发展潜力	0.626	0.320
人力资本优势	0.653	0.407
人文环境制约	0.221	0.887
自然环境制约	0.213	0.918
基础设施条件制约	0.307	0.755
传统社会体制优势	0.653	0.240
完善的干部激励制度	0.827	0.170
完善的群众参与制度	0.857	0.207
及时回应对象需求的反馈机制	0.850	0.165
提取方法：主成分分析法 旋转方法：凯撒正态化最大方差法		
a. 旋转在 3 次迭代后已收敛		

（四）政策利益相关者行为的间接测量

对间接测量政策执行环境的 6 个测题进行探索性因子分析，KMO 和 Bartlett 检验显示 KMO 值为 0.748，sig 为 0.000，说明适合做因子分析。通过主成分分析法、最大方差旋转法及 Kaiser 标准对该量表测题进行因子分析，最终从 6 个测题中提取出 2 个因子。其中，将"临界户不满""临界户闹访""已脱贫对象不愿脱贫"3 项归入 1 个公因子，将该公因子命名为"利益相关者消极行为"；将"利益相关者积极寻求发展机会""利益相关者对基础条件改善感到满意""社会组织的积极参与"3 项归入 1 个公因子，将其命名为"利益相关者积极行为"。Cronbach Alpha 系数为 0.788，表示该量表信度较高。其主成分分析矩阵如表 5-4 所示。

---

① 通过 Spss 软件计算得出。

表 5-4　间接测量政策利益相关者行为的主成分分析矩阵①

旋转后的成分矩阵a		
	成分	
	1	2
临界户不满	0.878	0.156
临界户闹访	0.877	0.185
已脱贫对象不愿脱贫	0.862	0.022
利益相关者积极寻求发展的机会	0.199	0.853
利益相关者对基础条件改善感到满意	0.102	0.905
社会组织的积极参与	0.056	0.846
提取方法：主成分分析法 旋转方法：凯撒正态化最大方差法		
a. 旋转在 3 次迭代后已收敛		

（五）政策内容适当性的间接测量

对间接测量政策内容适当性的 6 个测题进行探索性因子分析，KMO 和 Bartlett 检验显示 KMO 值为 0.734，sig 为 0.000，说明适合做因子分析。通过主成分分析法、最大方差旋转法及 Kaiser 标准对该量表测题进行因子分析，最终从 6 个测题中提取出 2 个因子。其中，将"政策内容符合基层情况""政策及时调整""不同政策能够互补"这 3 项归入 1 个公因子，将其命名为"政策内容适恰"，将"政策调整无法衔接""政策内容调整产生新问题""政策指标缺乏弹性"这 3 项归入 1 个公因子，将其命名为"政策内容不适"。Cronbach Alpha 系数为 0.790，表示该量表信度较高。其主成分分析矩阵如表 5-5 所示。

表 5-5　间接测量政策内容适当性的主成分分析矩阵②

旋转后的成分矩阵a		
	成分	
	1	2
政策内容符合基层情况	0.042	0.895
政策及时调整	0.020	0.920

---

①　通过 Spss 软件计算得出。

②　通过 Spss 软件计算得出。

表5-5(续)

旋转后的成分矩阵^a		
	成分	
	1	2
政策调整无法衔接	0.862	0.105
政策内容调整产生新问题	0.920	0.065
政策指标缺乏弹性	0.872	0.153
不同政策能够互补	0.321	0.752
提取方法：主成分分析法 旋转方法：凯撒正态化最大方差法		
a. 旋转在 3 次迭代后已收敛		

（六）政策执行策略的间接测量

对间接测量政策执行策略的 6 个测题进行探索性因子分析，KMO 和 Bartlett 检验显示 KMO 值为 0.890，sig 为 0.000，说明适合做因子分析。通过主成分分析法、最大方差旋转法及 Kaiser 标准对该量表测题进行因子分析，最终从 6 个测题中提取出 1 个因子。将这 6 项归入 1 个公因子，将其命名为"'门槛式'执行策略"。Cronbach Alpha 系数为 0.891，表示该量表信度较高。其主成分分析矩阵如表 5-6 所示。

表 5-6　间接测量政策执行策略的主成分分析矩阵[①]

成分矩阵^a	
	成分
	1
政策执行策略的选择很重要	0.886
基层干部的工作方式很重要	0.865
无条件给予物资会助长对象的懒惰风气	0.704
有条件式执行政策能激发对象内生动力	0.777
有效的沟通方式能获得对象信任	0.877
过量的文件工作降低基层干部的工作效率	0.761
提取方法：主成分分析法	
a. 提取了 1 个成分	

---

① 通过 Spss 软件计算得出。

（七）政策执行主体能力的间接测量

对间接测量政策执行主体能力的 5 个测题进行探索性因子分析，KMO
和 Bartlett 检验显示 KMO 值为 0.872，sig 为 0.000，说明适合做因子分析。
通过主成分分析法、最大方差旋转法及 Kaiser 标准对该量表测题进行因子
分析，最终从 5 个测题中提取出 1 个因子。将这 5 项归入 1 个公因子，将
其命名为"政策执行主体能力"。Cronbach Alpha 系数为 0.912，表示该量
表信度极高。其主成分分析矩阵如表 5-7 所示。

表 5-7　间接测量政策执行主体能力的主成分分析矩阵①

成分矩阵ᵃ	
	成分
	1
横向各部门协作促进扶政策执行	0.890
团队合作提高工作效率	0.898
村两委的沟通协调作用	0.848
基层干部的理想和情怀促进政策执行	0.828
基层干部的环境融入能力	0.839
提取方法：主成分分析法	
a. 提取了 1 个成分	

（八）政策资源利用效率的间接测量

对间接测量政策资源利用效率的 4 个测题进行探索性因子分析，KMO
和 Bartlett 检验显示 KMO 值为 0.788，sig 为 0.000，说明适合做因子分析。
通过主成分分析法、最大方差旋转法及 Kaiser 标准对该量表测题进行因子
分析，最终从 4 个测题中提取出 1 个因子。将这 4 项归入一个公因子，将
其命名为"政策资源利用低效"。Cronbach Alpha 系数为 0.827，表示该量
表信度较高。其主成分分析矩阵如表 5-8 所示。

---

① 通过 Spss 软件计算得出。

表 5-8　政策资源利用效率间接测量的主成分分析矩阵①

成分矩阵ᵃ	
	成分
	1
政策资源分配不均衡	0.850
政策执行的硬件资源不足	0.872
政策分配资源效率低	0.821
缺乏完善的政策资源分配机制	0.698
提取方法：主成分分析法	
a. 提取了 1 个成分	

在对各项变量的公因子进行提取之后，根据各项公因子的 Cronbach Alpha 系数和平均方差萃取量 AVE 值来检验各项因子的信度和聚敛效度。Cronbach Alpha 大于 0.7 表明信度较高，AVE 大于 0.5 表明聚敛效度较高。各项公因子的 Cronbach Alpha 系数和 AVE 值如表 5-9 所示。

表 5-9　预调研各变量构成维度及信效度检验②

变量	构成维度	Cronbach Alpha 系数	平均方差萃取量（AVE）
扶贫政策执行效果	扶贫政策执行效果	0.959	0.634
政策对象行为	积极行为	0.918	0.738
	消极行为	0.824	0.617
政策执行环境	环境优势	0.875	0.553
	环境制约	0.870	0.725
政策利益相关者行为	积极行为	0.849	0.668
	消极行为	0.853	0.663
政策内容适当性	政策内容适恰	0.832	0.644
	政策内容不适	0.872	0.704
政策执行策略	门槛式执行策略	0.892	0.600

---

① 通过 Spss 软件计算得出。

② 数据来源于 Spss 软件对预调研问卷的计算结果。

表5-9(续)

变量	构成维度	Cronbach Alpha 系数	平均方差萃取量（AVE）
政策执行主体能力	执行主体能力	0.914	0.677
政策资源利用效率	资源利用低效	0.857	0.559

表 5-9 中的 Cronbach Alpha 系数和平均方差萃取量 AVE 值说明，各项因子的信度和聚敛效度都较高。在此基础上，为了进一步提高问卷的信效度和准确性，笔者重新对问卷各部分量表下的问题的提问方式、用语方式进行了调整，以期能够获得更为准确的问卷调查结果。

三、问卷的发放与数据收集

问卷确定之后，为了有效检验以凉山州为扎根调研地区所获得的理论框架，本书扩大了实证检验的调研区域范围，以整个凉山州的脱贫村为调研对象展开问卷调研。由于此次设计的是关于扶贫政策执行影响因素研究的问卷，只有对政策及其执行过程非常了解的人员才能对该问卷进行准确翔实的解答，因此本次调研针对的人群主要是基层的工作人员，主要包括乡镇一级的干部及工作人员、村两委、驻村第一书记和帮扶队员，以这四类工作人员为主要调研人群发放问卷。根据凉山州扶贫移民局提供的数据，凉山州共 17 个县市的脱贫村基数为 2 072 个（2014 年精准识别基数），考虑到扶贫政策执行是一个长期的过程，参与该政策执行的地区都应该纳入考量范围，因此本次调研以 2014 年的 2 072 个脱贫村为基数计算样本数，调研每一个村的村两委、驻村第一书记、驻村帮扶队员和扶贫专干这四类人群对象为，得出调研抽样的基数为 8 288 人①。在样本容量的确定上，本次调研参照袁方教授给出的经验确定样本数的范围制定了样本容量。袁方教授给出的参考范围如表 5-10 所示。

---

① 计算公式为全州脱贫村基数×4 = 2 072×4 = 8 288。

表 5-10 经验确定样本数的范围①

总体规模	100 人以下	100~1 000 人	1 001~5 000 人	5 001~10 000 人	10 001~100 000 人	10 万人以上
样本占总体比重	50%以上	50%~20%	30%~10%	15%~3%	5%~1%	1%以下

根据经验确定样本范围，样本占总体比重应在 5%~1%，本次调研选择最高标准 5%来进行计算，因此样本容量为 415 份②。在抽样方法上，考虑到问卷调研的可行性和限制性，本次抽样采取了在地区上概率抽样和具体调研人员上非概率抽样相结合的方式。在概率抽样上，根据凉山州各县脱贫村的分布情况，具体的抽样地区及脱贫村数量如表 5-11 所示。

表 5-11 凉山州 17 个县市抽样分布及脱贫村数量

	县/市	脱贫村数量/个	脱贫村数量占全州总数比/%	问卷调研样本数量/份
凉山州	西昌市	47	2.3	9
	木里县	97	4.7	19
	盐源县	122	5.9	24
	德昌县	32	1.5	6
	会理县	58	2.8	12
	会东县	37	1.8	7
	宁南县	36	1.7	7
	普格县	103	5.0	21
	布拖县	163	7.9	33
	金阳县	150	7.2	30
	昭觉县	191	9.2	38
	喜德县	136	6.6	27
	冕宁县	41	2.0	8
	越西县	208	10.0	42
	甘洛县	208	10.0	42
	美姑县	272	13.1	54
	雷波县	171	8.3	34
总计		2 072	100	415

---

① 袁方. 社会研究方法教程 [M]. 重排本. 北京：北京大学出版社，2014：170.

② 计算公式为 8 288×5%=414.4。

在确定了调研区域及样本数量之后，每一个县多发了 10 份问卷，以保证能回收足够的问卷。在各部门的协助下，最终将问卷发放至各调研区域，采用非概率抽样方式让基层干部填写。2019 年 11 月至 12 月，共发放问卷 525 份，回收问卷 479 份，问卷有效回收率为 91.2%。问卷填写者的性别、年龄等构成基本均衡。

第二节　扶贫政策执行影响因素验证性因子分析

一、共同方法偏差检验

扶贫政策执行效果、政策内容适当性、政策对象行为、政策执行环境、政策利益相关者行为、政策执行策略、政策执行主体能力、政策资源利用效率 8 个变量的问卷在采集时没有做到填答者和填答时间的分离，可能会造成数据的同源误差从而夸大变量之间的相互关系。故在统计分析环节采用 Harman 单因素检验法对共同方法偏差进行了检验，具体做法是在 Spss 软件中将这 8 个变量的所有测量题目纳入模型中，进行未旋转的因子分析。结果发现共萃取出 8 个因子，其中第一个因子（扶贫政策执行效果）解释的变异占 37.511%，小于 40%，说明本研究较好地控制了共同方法偏差的问题。

二、验证性因子分析

用 Spss 软件对问卷 8 个维度的测题分别进行探索性因子分析之后，提取出 12 个公因子，现将在探索性因子分析的基础上，运用结构方程模型软件 Amos 23.0 对扶贫政策执行效果及 7 类影响因素（都是潜变量）进行验证性因子分析，其目的是在接下来的结构方程模型建构中能够取得良好的拟合度和相关性。本次研究需要进行验证的变量一共有 12 个，因此下文将通过 Amos 23.0 系数对 12 个变量逐一展开验证性因子分析并对所获取的数据进行讨论。

（一）扶贫政策执行效果量表的验证性因子分析结果

通过 Amos 23.0 软件对扶贫政策执行效果量表的测题进行验证性因子分析得到以下结果（详见表 5-12）。表 5-12 中政策执行效果量表中的 9 个测题用 Item1-Item9 表示，Item8——"基础医疗条件改善"的 P 值为空白，其原因是 Amos 软件只通过"***"显示 P 值小于 0.001 水平的显著度，若不显示则表示 P 值大于 0.001。后文有如此情况的不再赘述。

表 5-12　扶贫政策执行效果量表的验证性因子分析结果①

维度	条目	参数估计			模型拟合优度					组合信度	聚敛效度
		标准化载荷	S. E.	P-Value	NFI	RFI	IFI	TLI	CFI	CR	AVE
扶贫政策执行效果	Item1	0.741	0.077	***	0.927	0.902	0.934	0.912	0.934	0.939	0.634
	Item2	0.775	0.077	***							
	Item3	0.719	0.079	***							
	Item4	0.837	0.072	***							
	Item5	0.872	0.070	***							
	Item6	0.827	0.075	***							
	Item7	0.873	0.069	***							
	Item8	0.664									
	Item9	0.831	0.069	***							

然后从三个方面考察量表的效度：首先，看模型整体的拟合优度，NFI、RFI、IFI、TLI、CFI 这 5 项值均大于 0.9，表明模型的整体效度不错；其次，观察该变量的标准化因子载荷系数和 AVE（平均方差萃取量）值，表中各项标准化因子载荷系数均大于 0.6，AVE 值均大于 0.5，表示扶贫政策执行效果的量表有很好的聚敛效度。综上，该量表通过信效度验证。

（二）政策对象行为量表的验证性因子分析结果

通过 Amos 23.0 软件对政策对象行为的 7 个测题进行验证性因子分析得到以下结果（详见表 5-13），7 个测题用 Item1-Item7 表示。

---

① 数据来源于 Amos 23.0 软件对扶贫政策执行效果量表的计算结果。

表 5-13　政策对象行为量表的验证性因子分析结果①

维度	条目	参数估计			模型拟合优度					组合信度	聚敛效度
		标准化载荷	S. E.	P-Value	NFI	RFI	IFI	TLI	CFI	CR	AVE
政策对象积极行为	Item1	0.833			0.989	0.968	0.991	0.973	0.991	0.918	0.738
	Item2	0.888	0.042	***							
	Item3	0.898	0.045	***							
	Item4	0.815	0.041	***							
政策对象消极行为	Item5	0.729			0.989	0.968	0.991	0.973	0.991	0.828	0.617
	Item6	0.880	0.082	***							
	Item7	0.739	0.062	***							

首先，看模型整体的拟合优度，NFI、RFI、IFI、TLI、CFI 这 5 项值均大于 0.9，表明模型的整体效度不错；其次，观察该变量的标准化因子载荷系数和 AVE（平均方差萃取量）值，表中各项标准化因子载荷系数均大于 0.6，AVE 值均大于 0.5，表示该量表有很好的聚敛效度。由于政策对象策略分为两个因子，因此要对该分类做区分效度检验，详细的检验结果见表 5-14。从表 5-14 中可见两个维度的 AVE 开根号值为 0.859 和 0.785，大于两个维度之间的相关系数 0.119（p<0.001），表明该量表的两个维度之间有良好的区分效度。

表 5-14　政策对象行为的区分效度②

	聚敛效度	区分效度	
	AVE	政策执行对象积极行为	政策执行对象消极行为
政策执行对象积极行为	0.738	0.859	
政策执行对象消极行为	0.617	0.119 ***	0.785

注：*** 表示 p<0.001，** 表示 p<0.01，* 表示 p<0.05，双尾检测。对角线上为 AVE 开根号值。

---

① 数据来源于 Amos 23.0 软件对扶贫政策执行效果量表的计算结果。

② 数据来源于 Amos 23.0 软件的运算结果和 AVE 值的计算结果。

（三）政策执行环境量表的验证性因子分析结果

通过 Amos 23.0 对政策执行环境量表中的 9 个测题进行验证性因子分析得到以下结果（详见表 5-15），9 个测题用 Item1-Item9 表示。

表 5-15　政策执行环境量表的验证性因子分析结果①

维度	条目	参数估计			模型拟合优度					组合信度	聚敛效度
		标准化载荷	S. E.	P-Value	NFI	RFI	IFI	TLI	CFI	CR	AVE
政策执行环境优势	Item1	0.851			0.934	0.908	0.943	0.921	0.943	0.879	0.553
	Item2	0.878	0.042	***							
	Item3	0.790	0.053	***							
	Item4	0.608	0.056	***							
	Item5	0.677	0.054	***							
	Item6	0.611	0.058	***							
政策执行环境制约	Item7	0.689			0.934	0.908	0.943	0.921	0.943	0.886	0.725
	Item8	0.959	0.069	***							
	Item9	0.884	0.065	***							

首先，看模型整体的拟合优度，NFI、RFI、IFI、TLI、CFI 这 5 项值均大于 0.9，表明模型的整体效度不错；其次，观察该变量的标准化因子载荷系数和 AVE（平均方差萃取量）值，各项标准化因子载荷系数均大于0.6，AVE 值均大于 0.5，表示该量表有很好的聚敛效度。由于政策执行环境分为两个因子，因此要对该分类做区分效度检验，详细的检验结果见表 5-16。从表 5-16 中可见两个维度的 AVE 开根号值为 0.744 和 0.851，大于两个维度之间的相关系数 0.530（p<0.001），表明该量表的两个维度之间有良好的区分效度。

---

① 数据来源于 Amos 23.0 软件对扶贫政策执行效果量表的计算结果。

表 5-16　政策执行环境的区分效度①

	聚敛效度	区分效度	
	AVE	政策执行环境优势	政策执行环境制约
政策执行环境优势	0.553	0.744	
政策执行环境制约	0.725	0.530***	0.851

注：*** 表示 p<0.001，** 表示 p<0.01，* 表示 p<0.05，双尾检测。对角线上为 AVE 开根号值。

验证性因子分析结果显示，政策执行环境量表通过检验，且两个因子之间有良好的区分效度，可以分为两个变量进行讨论。

（四）政策利益相关者行为量表的验证性因子分析结果

通过 Amos 23.0 软件对政策利益相关者行为的 6 个测题进行验证性因子分析得到以下结果（详见表 5-17），6 个测题用 Item1-Item6 表示。

表 5-17　政策利益相关者行为量表的验证性因子分析结果②

维度	条目	参数估计			模型拟合优度					组合信度	聚敛效度
		标准化载荷	S. E.	P-Value	NFI	RFI	IFI	TLI	CFI	CR	AVE
利益相关者积极行为	Item1	0.721			0.985	0.971	0.990	0.982	0.990	0.857	0.668
	Item2	0.896	0.074	***							
	Item3	0.816	0.074	***							
利益相关者消极行为	Item4	0.732			0.985	0.971	0.990	0.982	0.990	0.854	0.663
	Item5	0.866	0.065	***							
	Item6	0.848	0.059	***							

首先，看量表模型整体的拟合优度，NFI、RFI、IFI、TLI、CFI 这 5 项值均大于 0.9，表明模型的整体效度不错；其次，观察该变量的标准化因子载荷系数和 AVE（平均方差萃取量）值，表中各项标准化因子载荷系数均大于 0.6，AVE 值均大于 0.5，表示该量表有很好的聚敛效度。由于政策利益相关者行为分为两个因子，因此要对该分类做区分效度检验，详细的检验结果见表 5-18，从表中可见两个维度的 AVE 开根号值为 0.817 和 0.814，大于

---

① 数据来源于 Amos 23.0 软件的运算结果和 AVE 值的计算结果。
② 数据来源于 Amos 23.0 软件对扶贫政策执行效果量表的计算结果。

两个维度之间的相关系数 0.324（p<0.001），表明该量表的两个维度之间有良好的区分效度。

表 5-18   政策利益相关者的区分效度①

	聚敛效度	区分效度	
	AVE	利益相关者消极策略	利益相关者积极策略
利益相关者消极策略	0.668	0.817	
利益相关者积极策略	0.663	0.324***	0.814

注：*** 表示 p<0.001，** 表示 p<0.01，* 表示 p<0.05，双尾检测。对角线上为 AVE 开根号值。

验证性因子分析结果显示，政策利益相关者量表通过检验，且两个因子之间有良好的区分效度，可以分为两个变量进行讨论。

（五）政策执行策略量表的验证性因子分析结果

通过 Amos 23.0 软件对政策执行策略的 6 个测题进行验证性因子分析得到以下结果（详见表 5-19），表中将 6 个测题用 Item1-Item6 表示。

表 5-19   政策执行策略量表的验证性因子分析结果②

维度	条目	参数估计			模型拟合优度					组合信度	聚敛效度
		标准化载荷	S. E.	P-Value	NFI	RFI	IFI	TLI	CFI	CR	AVE
利益相关者积极行为	Item1	0.675			0.972	0.953	0.977	0.961	0.977	0.898	0.600
	Item2	0.858	0.064	***							
	Item3	0.694	0.072	***							
	Item4	0.614	0.076	***							
	Item5	0.867	0.067	***							
	Item6	0.892	0.065	***							

首先，看量表模型整体的拟合优度，NFI、RFI、IFI、TLI、CFI 这 5 项值均大于 0.9，表明模型的整体效度不错；其次，观察该变量的标准化因子载荷系数和 AVE（平均方差萃取量）值，表中各项标准化因子载荷系数均大于 0.6，AVE 值均大于 0.5，表示该量表有很好的聚敛效度。验证性因子分析结果显示，政策执行策略量表通过检验。

---

① 数据来源于 Amos 23.0 软件的运算结果和 AVE 值的计算结果。
② 数据来源于 Amos 23.0 软件对扶贫政策执行效果量表的计算结果。

（六）政策执行主体能力量表的验证性因子分析结果

通过 Amos 23.0 软件对政策执行主体能力的 5 个测题进行验证性因子分析得到以下结果（详见表 5-20），5 个测题用 Item1-Item5 表示。

表 5-20　政策执行主体能力量表的验证性因子分析结果①

| 维度 | 条目 | 参数估计 | | | 模型拟合优度 | | | | | 组合信度 | 聚敛效度 |
		标准化载荷	S. E.	P-Value	NFI	RFI	IFI	TLI	CFI	CR	AVE
扶贫政策执行主体能力	Item1	0.767									
	Item2	0.755	0.056	***							
	Item3	0.810	0.057	***	0.967	0.935	0.970	0.941	0.970	0.913	0.677
	Item4	0.896	0.054	***							
	Item5	0.877	0.054	***							

首先，看量表模型整体的拟合优度，NFI、RFI、IFI、TLI、CFI 这 5 项值均大于 0.9，表明模型的整体效度不错；其次，观察该变量的标准化因子载荷系数和 AVE（平均方差萃取量）值，表中各项标准化因子载荷系数均大于 0.6，AVE 值均大于 0.5，表示该量表有很好的聚敛效度。验证性因子分析结果显示，政策执行主体能力量表通过检验。

（七）政策资源利用效率量表的验证性因子分析结果

通过 Amos 23.0 软件对政策资源利用效率的 4 个测题进行验证性因子分析得到以下结果（详见表 5-21），4 个测题用 Itcm1-Item4 表示。

表 5-21　政策资源利用效率量表的验证性因子分析结果②

| 维度 | 条目 | 参数估计 | | | 模型拟合优度 | | | | | 组合信度 | 聚敛效度 |
		标准化载荷	S. E.	P-Value	NFI	RFI	IFI	TLI	CFI	CR	AVE
扶贫政策资源利用效率	Item1	0.790									
	Item2	0.860	0.062	***							
	Item3	0.748	0.067	***	0.993	0.979	0.996	0.987	0.996	0.832	0.559
	Item4	0.559	0.054	***							

---

① 数据来源于 Amos 23.0 软件对扶贫政策执行效果量表的计算结果。

② 数据来源于 Amos 23.0 软件对扶贫政策执行效果量表的计算结果。

首先，看量表模型整体的拟合优度，NFI、RFI、IFI、TLI、CFI 这 5 项值均大于 0.9，表明模型的整体效度不错；其次，观察该变量的标准化因子载荷系数和 AVE（平均方差萃取量）值，表中各项标准化因子载荷系数均大于 0.6，AVE 值均大于 0.5，表示该量表有很好的聚敛效度。验证性因子分析结果显示，政策执行资源利用量表通过检验。

（八）政策内容适当性量表的验证性因子分析结果

通过 Amos 23.0 软件对政策内容适当性的 6 个测题进行验证性因子分析得到以下结果（详见表 5-22），6 个测题用 Item1-Item6 表示。

表 5-22 政策内容适当性量表的验证性因子分析结果①

维度	条目	参数估计			模型拟合优度					组合信度	聚敛效度
		标准化载荷	S. E.	P-Value	NFI	RFI	IFI	TLI	CFI	CR	AVE
政策内容适恰	Item1	0.658			0.955	0.915	0.960	0.925	0.960	0.842	0.644
	Item2	0.897	0.094	***							
	Item3	0.833	0.080	***							
政策内容不适	Item4	0.823			0.955	0.915	0.960	0.925	0.960	0.877	0.704
	Item5	0.914	0.057	***							
	Item6	0.774	0.056	***							

首先，看模型整体的拟合优度，NFI、RFI、IFI、TLI、CFI 这 5 项值均大于 0.9，表明模型的整体效度不错；其次，观察该变量的标准化因子载荷系数和 AVE（平均方差萃取量）值，表中各项标准化因子载荷系数均大于 0.6，AVE 值均大于 0.5，表示该量表有很好的聚敛效度。由于政策内容适当性分为两个因子，因此要对该分类做区分效度检验，详细的检验结果见表 5-23。从表 5-23 可见两个维度的 AVE 开根号值为 0.802 和 0.839，大于两个维度之间的相关系数 0.210（p<0.001），表明该量表的两个维度之间有良好的区分效度。

---

① 数据来源于 Amos 23.0 软件对扶贫政策执行效果量表的计算结果。

表 5-23 政策内容适当性的区分效度①

	聚敛效度	区分效度	
	AVE	政策内容适恰	政策内容不适
政策内容适恰	0.644	0.802	
政策内容不适	0.704	0.210***	0.839

注：*** 表示 p<0.001，** 表示 p<0.01，* 表示 p<0.05，双尾检测。对角线上为 AVE 开根号值。

验证性因子分析结果显示，政策内容适当性量表通过检验，且两个因子之间有良好的区分效度，可以分为两个变量进行讨论。

验证性因子检验显示，所有变量的量表的模型拟合优度 NFI、RFI、IFI、TLI、CFI 均大于 0.9，表明量表整体效度不错，且各变量的标准化因子载荷系数均大于 0.6，平均方差萃取量 AVE 值均大于 0.5，表示该量表有很好的聚敛效度，而且可以分类的变量自身的因子区分效度良好，因此最终得出 8 个量表共计 12 个公因子的信效度表现皆良好的结论，说明这 12 个公因子具有显著的相关性和良好的建模基础。

第三节　描述性统计及相关性分析

一、各变量因子的描述性统计

（一）样本特征的描述性统计

该样本的各项基本特征的描述性统计结果如表 5-24 所示。

表 5-24 样本特征的描述性统计②

特征	数量/人	占比/%	特征	数量/人	占比/%
性别			1~3 年	171	35.7
男	258	53.86	4~5 年	67	13.99

---

① 数据来源于 Amos 23.0 软件的运算结果和 AVE 值的计算结果。

② 根据 Spss 软件计算结果绘制。

表5-24(续)

特征	数量/人	占比/%	特征	数量/人	占比/%
女	221	46.14	5年以上	41	8.56
年龄			10年以上	87	18.16
18~25岁	125	26.1	文化程度		
26~35岁	240	50.1	高中以下	19	3.97
36~45岁	58	12.11	高中（中专）	30	6.26
46~55岁	51	10.65	大专	141	29.44
56岁及以上	5	1.04	本科	256	53.44
是否为当地人			硕士及以上	33	6.89
是	373	77.87	政治面貌		
否	106	22.13	群众	110	22.96
工作岗位			团员	127	26.51
乡镇干部	81	16.9	党员	231	48.23
驻村第一书记	84	17.5	民主党派	2	0.42
驻村帮扶队队员	137	28.6	其他	9	1.88
专干	74	15.4	婚姻状况		
村主任/村书记	37	7.7	已婚	283	59.08
其他岗位	66	13.8	未婚	187	39.04
在该岗位工作时间			其他	9	1.88
1年以下	113	23.59			

　　样本的基本特征包括性别、年龄、是否为当地人、工作岗位、文化程度、政治面貌、婚姻状况这几个部分。首先看性别特征，此次分发的479份问卷中，男性受访者有258人，占比53.86%，女性受访者有221人，占比46.14%。从整体上来看，问卷回答者性别比例较为均衡，在一定程度上表明了该样本在性别上比较具有代表性和均衡性。

　　从年龄特征来看，18~25岁的受访者有125人，占比26.1%，26~35岁的受访者有240人，占比50.1%，36~45岁的受访者有58人，占比12.11%，46~55岁的受访者有51人，占比10.65%，56岁及以上的受访者有 5 人，占比 1.04%。受访者年龄主要集中在 35 岁以下，说明在基层工作人员中以年轻人为主。该样本的年龄特征与基层工作人员的实际年龄构成具有较好的一致性。

是否为当地人这个问题指的是基层工作人员是否是本地人。这个指标主要考察基层工作人员对当地环境的融入能力，是当地人的有 373 人，占比 77.87%，不是当地人的有 106 人，占比 22.13%；可以看出，大部分的基层工作人员都是本地人。这一群体对当地的经济、文化、社会等实际情况比较了解，且与本地群众的交流能力和环境融入能力都比较强。这样的干部队伍情况对于促进扶贫政策执行是有正向影响的，而且该样本特征也符合基层扶贫工作人员的现实情况。

从受访人群的工作岗位来看，乡镇干部有 81 人，占比 16.9%；驻村第一书记有 84 人，占比 17.5%；驻村帮扶队员有 137 人，占比 28.6%；专干有 74 人，占比 15.4%；村两委有 37 人，占比 7.7%；其他岗位有 66 人，占比 13.8%。该项指标很好地显示了目前基层扶贫工作的政策执行者的人员网络构成，基层的政策执行主体主要由乡镇干部、专干、驻村第一书记、驻村帮扶队员和村两委构成。每个乡有一个专干负责数据的上传下达以及政策的宣传工作，驻村第一书记具体负责每个村的扶贫工作，驻村帮扶队员是政府各级组织不同部门（包括卫生系统、教育系统、公安系统等各个行政部门）抽调下来驻村的工作人员，每个村一般会配备 4 个帮扶队员，协助第一书记完成该村的工作。从表 5-24 可以看到受访群体者中人数最多的就是帮扶队员，有 137 人，占比 28.6%，其次是第一书记，最后是乡镇干部和专干。统计数据表现出的整体人员网络结构比较符合现实，也可以看出受访者的工作岗位具有良好的均衡性和真实性。

受访者在该岗位的工作时间分布如下：1 年以下，113 人，占比 23.59%；1~3 年有 171 人，占比 35.7%；4~5 年 67 人，占比 13.99%；5 年以上有 41 人，占比 8.56%；10 年以上 87 人，占比 18.16%。数据显示，大部分的工作人员在该岗位的工作时间在 3 年以下，说明工作时间不是特别长，这正好与大部分受访者年龄在 35 岁以下的特征相符，从侧面反映了样本与现实情况有较好的一致性。

从文化程度来看，文化程度在高中以下的只有 19 人，占比 3.97%；高中或者中专学历的也只有 30 人，占比 6.26%；大专学历有 141 人，占比 29.44%；本科学历有 256 人，占比 53.44%；硕士及以上有 33 人，占比 6.89%。这与之前的工作时长特征和年龄特征相吻合，因为一般情况下读完本科之后参加工作的人员年龄至少有 22 岁（最顺利的情况），在工作时长为 3 年，则年龄至少有 25 岁。据此推算，大部分受访者年龄在 25~36 岁，工作时长为 1~3 年，且大部分受访者拥有本科学历，这三点有很好的契合度。问卷发放对象大部分具有良好的教育背景，有助于他们更好地填写调研问卷。同时，该特征也说明目前基层工作人员的教育背景大部分为本科以上，对于基层巩固拓展脱贫攻坚成果具有重要的促进作用。综上，该样本具有良好的代表性和吻合度。

从政治面貌来看，受访者中群众有 110 人，占比 22.96%；团员有 127 人，占比 26.51%；党员有 231 人，占比 48.23%；民主党派只有 2 人，占比 0.42%；其他有 9 人，占比 1.88%。其中政治面貌为党员的占比最大，将近一半的受访者都是党员，这与我们所调研的人群是政府基层工作人员具有较好的吻合性，说明该样本具有比较高的真实度和代表性。

从婚姻状况来看，受访者中已婚有 283 人，占比 59.08%；未婚有 187 人，占比 39.04%；其他有 9 人，占比 1.88%。婚姻状况指标主要是考察基层工作人员的婚姻家庭情况对其工作和心理层面的影响。该数据与年龄结构和工作岗位时长都具有比较好的吻合性。

综合上述描述性统计结果，样本分布比较均衡，差异性不大，各项基本特征表现出较好的吻合度和合理性，且都比较符合现实情况，在一定程度上说明该样本具有比较强的代表性和真实性。

（二）变量的描述性统计分析及比较

运用 Spss 软件对各变量因子进行描述性统计分析，其最小值、最大值、平均值和标准差数据如表 5-25 所示。政策执行效果、政策对象积极行为、政策对象消极行为、政策执行环境优势、政策执行环境制约、利益相关者消极行为、利益相关者积极行为、"门槛式"执行策略、政策执行主体能力、政策资源利用低效、政策内容适恰、政策内容不适 12 个变量的

平均值分别为 4.024 8、3.954 1、1.665 3、3.924 8、0.094 7、1.647 2、
3.959 6、4.268 6、4.277 2、1.199 9、3.807 2、1.505 9。政策执行效果的
平均值为 4.024 8，说明受访者普遍认为政策执行产生了很好的成效。

表 5-25　各变量的描述性统计[①]

变量维度	最小值	最大值	平均值	标准差
扶贫政策执行效果	1.00	5.00	4.024 8	0.758 12
政策对象积极行为	1.00	5.00	3.954 1	0.792 87
政策对象消极行为	1.00	5.00	1.665 3	1.003 02
政策执行环境优势	1.00	5.00	3.924 8	0.737 31
政策执行环境制约	1.00	5.00	0.904 7	0.777 68
利益相关者消极行为	1.00	5.00	1.647 2	1.009 30
利益相关者积极行为	1.00	5.00	3.959 6	0.772 76
"门槛式"执行策略	1.00	5.00	4.268 6	0.671 00
政策执行主体能力	1.00	5.00	4.277 2	0.692 19
政策资源利用低效率	1.00	5.00	1.199 9	0.812 49
政策内容适恰	1.00	5.00	3.807 2	0.799 64
政策内容不适	1.00	5.00	1.505 9	0.940 79

总体上看，平均值从高到低排列如下：政策执行主体能力、"门槛式"
执行策略、政策执行效果、利益相关者积极行为、政策对象积极行为、政策
执行环境优势、政策内容适恰、政策对象消极行为、利益相关者消极行为、
政策内容不适。其中，政策执行主体能力平均值最高，其次是"门槛式"执
行策略，而政策执行环境制约平均值最低，这表明，受访者普遍认为政策执
行主体能力和"门槛式"执行策略对政策执行的影响相对其他要素而言更为
重要。但是受访者普遍对政策执行环境制约、政策内容不适、政策资源利用
低效、利益相关者消极行为和政策对象消极行为的平均值相较其他要素都比
较低，说明受访者对消极因素对政策执行有正向影响持相反意见的人较多。

---

① 数据来源于 Spss 软件计算结果。

二、变量间的相关性分析

在对样本的基本特征进行描述性统计分析的基础上，本次研究通过Spss软件对12个变量之间的关系进行了皮尔森相关性检验，相关性分析结果如表5-26所示。相关性分析结果表明，扶贫政策执行效果与11个变量间，以及11个变量间都存在显著的相关关系，该相关性分析为结构方程模型的建构做好了充分的准备工作。

表5-26　各变量间皮尔逊相关性系数①

		扶贫政策执行效果	政策对象积极行为	政策对象消极行为	政策执行环境优势	政策执行环境制约	利益相关者消极行为	利益相关者积极行为	"门槛式"执行策略	政策执行主体能力	政策资源利用低效	政策内容适恰	政策内容不适
扶贫政策执行效果	皮尔逊相关性	1	0.770**	-0.092*	0.721**	-0.492**	-0.087	0.611**	0.616**	0.672**	-0.181*	0.618**	-0.111*
政策对象积极行为	皮尔逊相关性	0.770**	1	0.097*	0.747**	0.406**	0.098*	0.660**	0.489**	0.598**	0.149*	0.637**	0.102*
政策对象消极行为	皮尔逊相关性	-0.092*	0.097*	1	0.236**	0.346**	0.642**	0.154**	0.225**	0.109*	0.563**	0.189**	0.613**
政策执行环境优势	皮尔逊相关性	0.721**	0.747**	0.236**	1	0.561**	0.214**	0.717**	0.575**	0.653**	0.289**	0.704**	0.209**
政策执行环境制约	皮尔逊相关性	-0.492**	0.406**	0.346**	0.561**	1	0.320**	0.490**	0.628**	0.554**	0.445**	0.419**	0.334**
利益相关者消极行为	皮尔逊相关性	-0.087	0.098*	0.642**	0.214**	0.320**	1	0.269**	0.248**	0.159**	0.607**	0.222**	0.652**
利益相关者积极行为	皮尔逊相关性	0.611**	0.660**	0.154**	0.717**	0.490**	0.269**	1	0.598**	0.622**	0.349**	0.619**	0.209**
"门槛式"执行策略	皮尔逊相关性	0.616**	0.489**	0.225**	0.575**	0.628**	0.248**	0.598**	1	0.834**	0.481**	0.484**	0.325**
政策执行主体能力	皮尔逊相关性	0.672**	0.598**	0.109*	0.653**	0.554**	0.159**	0.622**	0.834**	1	0.388**	0.571**	0.221**
政策资源利用低效	皮尔逊相关性	-0.181*	0.149*	0.563**	0.289**	0.445**	0.607**	0.349**	0.481**	0.388**	1	0.240**	0.684**
政策内容适恰	皮尔逊相关性	0.618**	0.637**	0.189**	0.704**	0.419**	0.222**	0.619**	0.484**	0.571**	0.240**	1	0.262**
政策内容不适	皮尔逊相关性	-0.111*	0.102*	0.613**	0.209**	0.334**	0.652**	0.209**	0.325**	0.221**	0.684**	0.262**	1

注：** 表示在0.01级别（双尾）相关性显著，* 表示在0.05级别（双尾）相关性显著。

表5-26显示了各变量间的相关关系。单从各变量与扶贫政策执行效果之间的相关性来看，政策对象积极行为与政策执行效果呈显著正相关性，相关系数为0.770；政策对象消极行为与政策执行效果呈负相关性，相关系数为-0.092；政策执行环境优势与政策执行效果呈显著正相关性，相关系数为0.721；政策执行环境制约与政策执行效果呈显著负相关性，相关系数为-0.492；利益相关者消极行为与政策执行效果无显著相关性；

---

① 表格来源于Spss统计计算结果。

利益相关者积极行为与政策执行效果呈显著正相关性，相关系数为 0.611；"门槛式"执行策略与政策执行效果呈显著正相关性，相关系数为 0.616；政策执行主体能力与政策执行效果呈显著正相关性，相关系数为 0.672；政策资源利用低效与政策执行效果呈显著负相关性，相关系数为-0.181；政策内容适恰与政策执行效果呈显著正相关性，相关系数为 0.618；政策内容不适与政策执行效果呈显著负相关性，相关系数为-0.111。

总体上来看，各要素的相关性呈现出以下特点：第一，政策执行环境、政策对象、利益相关者、"门槛式"执行策略、政策执行主体能力和政策内容6个方面的积极因素与政策执行效果呈现出显著的正相关关系。第二，政策执行环境、政策对象、利益相关者、政策资源利用和政策内容5个方面的消极因素与政策执行效果呈现出显著的负相关关系。第三，利益相关者的消极行为与政策执行效果没有显著的相关性，说明利益相关者的消极策略对政策执行影响较小。

第四节　基于结构方程的影响路径分析

在完成上述探索性因子分析、验证性因子分析、描述性统计和相关性分析的基础上，本节将使用结构方程模型软件 Amos 23.0 对 12 个变量构建的结构方程模型进行检验，以验证第四章得到的扶贫政策执行影响因素及其研究假设的准确性。以第四章构建的影响因素间的逻辑关系图为基础，对各要素在该图中的变量特征进行定位，以便在结构方程模型中确定是对哪一类变量进行分析。现根据政策执行影响因素的逻辑关系图绘制出各变量间的关系以及对应的研究假设图（如图 5-1 所示），然后再根据结构方程模型结果检验各变量间的逻辑关系和影响路径是否与第四章提出的研究假设相契合。

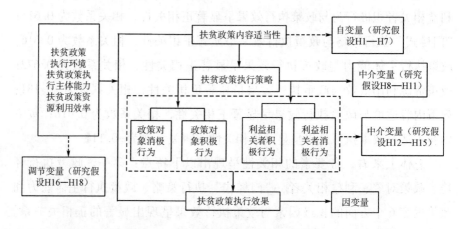

图 5-1　各变量对应的研究假设和关系①

图 5-1 中隐藏着一条主要的变量关系逻辑路径，即"政策对政策内容适当性—政策执行策略—政策对象/利益相关者行为—政策执行效果"，政策执行环境、政策资源利用和政策执行主体能力三者在该路径中起着调节变量的作用。根据图 5-1，可以通过以下两条路径来验证扶贫政策执行影响因素的影响路径的准确性，这两条逻辑路径和变量关系具体如下：

第一：一条链式中介变量路径。

图 5-1 中的主要逻辑路径是："政策内容适当性—政策执行策略—政策对象/利益相关者行为—政策执行效果"这样一条链式逻辑路径，其中政策内容适当性是自变量，政策执行策略和政策对象/利益相关者行为是中介变量，扶贫政策执行效果是因变量。

第二：三个调节变量。

该路径上，还有政策执行主体能力、政策执行环境、政策资源利用效率这三个调节变量在政策执行内容适当性和政策执行效果中起着调节作用。

为了能够更加直观地画出结构方程模型图，本书采用了可以绘图的结构方程模型软件 Amos 23.0 来进行结构方程模型绘制。但由于 Amos 23.0 软件无法测量调节变量，所以本部分将分成两小步进行：第一步是用 Amos

---

① 该图根据第四章扎根理论研究构建的扶贫政策执行影响因素模型绘制。

23.0 软件对链式中间变量路径进行检验,第二步是运用结构方程模型软件 Mplus 对三个调节变量进行检验。这两个步骤都完成并通过之后,即完成了对 7 个影响因素是如何影响扶贫政策执行效果的实证分析。

一、链式中介变量检验

在进行链式中介变量检验之前,根据上文提出的研究假设,先对"政策对政策内容适当性—'门槛式'执行策略—政策对象/利益相关者行为—政策执行效果"这条链式逻辑路径上所有的单个的变量之间的关系进行验证,以对本章开头提出的研究假设做出验证。本研究采用 bootstrap 法对链式中介变量进行假设验证,在 Mplus 软件中设定 bootstrap = 5 000,回归结果显示各变量因子之间的相关系数、S. E 值和 P 值如表 5-27 所示。

表 5-27　单个变量因子间回归系数及显著性①

单个因子间变量关系	Estimate	S. E.	Est. /S. E.	P
政策内容适恰→政策执行效果	0.580	0.046	12.609	***
政策内容适恰→"门槛式"执行策略	0.469	0.042	11.167	***
政策内容适恰→政策对象积极行为	0.634	0.044	14.409	***
政策内容适恰→利益相关者积极行为	0.694	0.052	13.346	***
政策内容不适→政策执行效果	−0.091	0.037	−2.459	0.016*
政策内容不适→政策对象消极行为	0.667	0.053	12.585	***
政策内容不适→利益相关者消极行为	0.739	0.053	13.943	***
"门槛式"执行策略→政策对象积极行为	0.551	0.047	11.723	***
"门槛式"执行策略→政策对象消极行为	−0.206	0.062	−3.323	***

---

① 该表根据 Amos 23.0 运算结果绘制.

表5-27（续）

单个因子间变量关系	Estimate	S. E.	Est. /S. E.	P
"门槛式"执行策略→利益相关者积极行为	0.746	0.053	14.075	***
"门槛式"执行策略→利益相关者消极行为	-0.320	0.069	-4.638	***
政策对象积极行为→政策执行效果	0.776	0.054	14.370	***
政策对象消极行为→政策执行效果	-0.090	0.041	-2.195	0.029*
利益相关者积极行为→政策执行效果	0.586	0.051	11.490	***
利益相关者消极行为→政策执行效果	-0.070	0.036	-1.944	0.051

注：*** 表示 p<0.001，** 表示 p<0.01，* 表示 p<0.05，双尾检测。

根据表5-27可得出以下结论：

（1）政策内容适恰对政策执行效果具有显著正向影响（effect=0.58，P值显著），H1得到验证；

（2）政策内容适恰对"门槛式"政策执行策略选择有正向影响（effect=0.469，P值显著），H2得到验证；

（3）政策内容适恰对政策对象的积极行为有正向影响（effect=0.634，P值显著），H3得到验证；

（4）政策内容适恰对政策利益相关者的积极行为有正向影响（effect=0.694，P值显著），H4得到验证；

（5）政策内容不适对政策执行效果有负向影响（effect=-0.091，P值较显著），H5得到验证；

（6）政策内容不适对政策对象的消极行为有正向影响（effect=0.667，P值显著），H6得到验证；

（7）政策内容不适对政策利益相关者的消极感受有正向影响（effect=0.739，P值显著），H7得到验证；

（8）政策执行的"门槛式"执行策略对政策对象积极行为有正向影响（effect=0.551，P值显著），H8得到验证；

（9）政策执行的"门槛式"执行策略对政策对象消极行为有负向影响（effect=-0.206，P值显著），H9得到验证；

（10）政策执行的"门槛式"执行策略对利益相关者的积极行为有正向影响（effect=0.746，P值显著），H10得到验证；

（11）政策执行的"门槛式"执行策略对利益相关者的消极行为有负向影响（effect=-0.32，P值显著），H11得到验证；

（12）政策对象的积极行为对政策执行效果有正向影响（effect=0.776，P值显著），H12得到验证；

（13）政策对象的消极行为对政策执行效果有负向影响（effect=-0.09，P值较显著），H13得到验证；

（14）政策利益相关者的积极行为对政策执行效果有正向影响（effect=0.586，P值显著），H14得到验证；

（15）政策利益相关者的消极行为对政策执行效果有负向影响（effect=-0.07，P值不显著），H15未得到验证。该结论与皮尔森相关性所得结论相似，即利益相关者的消极行为与政策执行效果之间的影响关系不显著。因此在下一步的链式中介变量中剔除"利益相关者消极行为"。

现运用 Amos 23.0 软件对"政策对政策内容适当性—'门槛式'执行策略—政策对象/利益相关者行为—政策执行效果"这条逻辑路径中拥有的政策内容适恰、政策内容不适、政策对象积极策略、政策对象消极策略、利益相关者积极行为、"门槛式"执行策略、政策执行效果7个变量（利益相关者消极行为要素被剔除）绘制结构方程模型图。通过 Amos 23.0 软件对这7个变量分别进行不同路径的链式中介结构方程模型建构，发现按照"政策内容—政策执行策略—政策对象/利益相关者行为—政策执行效果"这条路径来组合各变量，可以构建6条不同的链式中介路径（如表5-28所示）。在此以"政策内容适恰—政策执行策略—政策对象积极策略—政策执行效果"的链式中介路径为例，运用 Amos 软件绘图如图5-2所示。另外5条链式路径的结构方程模型图在此省略（将图5-2中的"政策内容适洽"改为"政策内容不适"，将"政策对象积极行为"分别改为"政策对象消极行为"和"利益相关者积极行为"即可）。

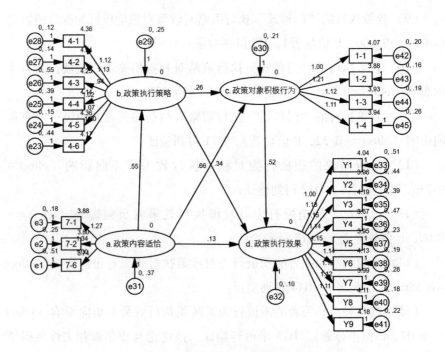

图5-2 "政策内容适恰—政策执行策略—政策对象积极
行为—政策执行效果"的中介路径结构方程模型①

采用 bootstrap 法对链式中介路径进行假设模型，在 Amos 23.0 软件中设定 bootstrap = 5 000，通过软件运算出的 6 条链式中介路径的间接效应值和显著度如表 5-28 所示。

表 5-28　链式中介路径的间接效应值和显著度②

路径	Estimate	95%置信区间
政策内容适恰→执行策略→政策对象积极行为→政策执行效果	0.572	[0.487, 0.677]
政策内容适恰→执行策略→政策对象消极行为→政策执行效果	0.240	[0.183, 0.307]
政策内容适恰→执行策略→利益相关者积极行为→政策执行效果	0.302	[0.214, 0.396]

---

① 该图来源于 Amos 23.0 软件绘图结果。

② 数据来源于 Amos 23.0 软件运算结果。

表5-28(续)

路径	Estimate	95%置信区间
政策内容不适→执行策略→政策对象积极行为→政策执行效果	-0.174	[0.075, 0.287]
政策内容不适→执行策略→政策对象消极行为→政策执行效果	-0.273	[0.137, 0.428]
政策内容不适→执行策略→利益相关者积极行为→政策执行效果	-0.226	[0.137, 0.331]

　　其中未展示各条链式路径的中间链条的间接效应和显著度，表5-28中的回归结果显示：①政策内容适恰能通过影响执行策略和政策对象积极/消极策略对政策执行效果产生间接效应（effect = 0.572，effect = 0.240，95%置信区间不包含0，说明显著度高）；②政策内容适恰能通过影响执行策略和利益相关者积极行为对政策执行效果产生间接效应（effect = 0.302，95%置信区间不包含0）；③政策内容不适能通过影响执行策略和政策对象积极/消极策略对政策执行效果产生间接效应（effect = -0.174，effect = -0.273，95%置信区间不包含0），H4得到验证；④政策内容不适能通过影响执行策略和利益相关者积极行为对政策执行效果产生间接效应（effect = -0.226，95%置信区间不包含0）。各条链式中介路径的结构方程模型拟合度和卡方如表5-29所示。

表5-29　链式中介结构方程模型的结构方程模型拟合效果①

路径	CMIN/DF	RMSEA	NFI	RFI	IFI	TLI	CFI
政策内容适恰→执行策略→政策对象积极行为→政策执行效果	3.770	0.760	0.910	0.898	0.932	0.923	0.932
政策内容适恰→执行策略→政策对象消极行为→政策执行效果	3.863	0.077	0.901	0.887	0.925	0.913	0.924

---

① 数据来源于 Amos 23.0 软件运算结果。

表5-29(续)

路径	CMIN/DF	RMSEA	NFI	RFI	IFI	TLI	CFI
政策内容适恰→执行策略→利益相关者积极行为→政策执行效果	3.396	0.071	0.917	0.905	0.940	0.931	0.940
政策内容不适→执行策略→政策对象积极行为→政策执行效果	3.916	0.078	0.906	0.892	0.928	0.918	0.928
政策内容不适→执行策略→政策对象消极行为→政策执行效果	3.708	0.075	0.906	0.893	0.930	0.919	0.930
政策内容不适→执行策略→利益相关者积极行为→政策执行效果	3.503	0.072	0.913	0.901	0.936	0.927	0.936

总体来看，NFI、RFI、IFI、TLI、CFI 值均要大于 0.9，CMIN/DF 值要小于 5，RMSEA 值要小于 0.08，才能说明模型的拟合度很好。表 5-29 显示，6 条链式中介结构的 CMIN/DF 值均小于 5，RMSEA 值均小于 0.08，说明模型整体拟合度较好。再看 NFI、RFI、IFI、TLI、CFI，这几项分数均高于 0.9 的链式路径是：①政策内容适恰→执行策略→利益相关者积极行为→政策执行效果；②政策内容不适→执行策略→利益相关者积极行为→政策执行效果。说明这两条链式中介路径的拟合度最高。另外几条路径的结构方程模型拟合度也表现良好，都只有一项指标稍微小于 0.9。总体来看，这 6 条链式中介变量路径的结构方程模型均成立且拟合度较好，因此，可得出如下研究结论："政策对政策内容适当性—'门槛式'执行策略—政策对象/利益相关者行为—政策执行效果"的逻辑路径得到验证。下文将对这条路径上的三个调节变量——政策执行环境（环境优势/制约）、政策执行主体能力和政策资源利用效率对政策内容适当性和政策执行策略之间的关系进行验证。

二、调节变量检验

由于运用 Amos 软件做调节变量检验过程复杂，所以选择运用另一种结构方程模型软件 Mplus 做调节变量的检验工作。Mplus 软件的运算结果显示，政策执行环境优势、政策执行环境制约、政策执行主体能力和政策资源利用低效在政策内容适恰和政策执行效果之间的调节效果如表5-30、表5-31、表5-32 和表5-33 所示。

表5-30　政策执行环境优势的调节变量效果①

	变量	政策执行效果
自变量	政策内容适恰	0.163^{*}
调节变量	政策执行环境优势	0.661^{***}
自变量×调节变量	政策内容适恰×政策执行环境优势	0.098^{**}

表5-31　政策执行环境制约的调节变量效果②

	变量	政策执行效果
自变量	政策内容适恰	0.572^{***}
调节变量	政策执行环境制约	0.180^{***}
自变量×调节变量	政策内容适恰×政策执行环境制约	-0.106^{**}

表5-32　政策执行主体能力的调节变量效果③

	变量	政策执行效果
自变量	政策内容适恰	0.390^{***}
调节变量	政策执行主体能力	0.384^{***}
自变量×调节变量	政策内容适恰×政策执行主体能力	0.085^{*}

表5-33　政策资源利用效率的调节变量效果④

	变量	政策执行效果
自变量	政策内容适恰	0.667^{***}

---

① 该表根据 Mplus 软件运算结果绘制。
② 该表根据 Mplus 软件运算结果绘制。
③ 该表根据 Mplus 软件运算结果绘制。
④ 该表根据 Mplus 软件运算结果绘制。

表5-33(续)

	变量	政策执行效果
调节变量	政策资源利用底纹	0.068
自变量×调节变量	政策内容适恰×政策资源利用底纹	−0.195***

政策执行环境优势、政策执行环境制约、政策执行主体能力和政策资源利用效率均在政策内容和政策执行效果中间起到调节作用。假设 H16、H17 和 H18 均得到验证。

三、假设检验结果

综上所述，通过 Spss 软件的探索性因子分析、Amos 软件的验证性因子分析和结构方程模型构建，以及 Mplus 软件的调节变量检验，上一章提出的 18 个研究假设中有 17 个得到验证，前文通过扎根理论探索出的 7 个扶贫政策执行影响因素及其逻辑关系，被分解成 1 条链式中介逻辑路径和 3 个调节变量，在此均得到验证。

但是利益相关者消极行为与政策执行效果之间的影响不显著，利益相关者消极行为对政策执行效果的负向影响的假设没有得到验证。经过思考，本书认为利益相关者消极行为的假设未通过验证可能与政策执行的阶段有关。脱贫攻坚时期，利益相关者群体（尤其是临界户）在扶贫过程中抱有一定的不公平感和消极情绪，因此基层在推行政策的过程中非贫困户"争贫""闹访"的事情时有发生。随着时间的推移，脱贫攻坚中各种帮扶政策让乡村在基础设施、道路交通、教育、医疗卫生等方面发生了巨大改善，让该群体也从中切实得到了很多实惠，因此到了过渡时期的帮扶政策执行中，利益相关者的消极行为对政策执行的阻碍已经不再明显（利益相关者的消极行为逐渐消失）。现将研究结论总结陈述如表5-34所示。

表 5-34　假设验证结论

编号	假设内容	研究结论
H1	政策内容适恰对政策执行效果有正向影响	验证
H2	政策内容适恰对政策执行策略选择有正向影响	验证

156　扶贫政策执行的影响因素研究——基于凉山彝族自治州的实证分析

表5-34(续)

编号	假设内容	研究结论
H3	政策内容适恰对政策对象的积极行为有正向影响	验证
H4	政策内容适恰对政策利益相关者的积极行为有正向影响	验证
H5	政策内容不适对政策执行效果有负向影响	验证
H6	政策内容不适对政策对象的消极行为有正向影响	验证
H7	政策内容不适对政策利益相关者的消极行为有正向影响	验证
H8	政策执行的"门槛式"执行策略对政策对象积极行为有正向影响	验证
H9	政策执行的"门槛式"执行策略对政策对象消极行为有负向影响	验证
H10	政策执行的"门槛式"执行策略对利益相关者的积极行为有正向影响	验证
H11	政策执行的"门槛式"执行策略对利益相关者的消极行为有负向影响	验证
H12	政策对象的积极行为对政策执行效果有正向影响	验证
H13	政策对象的消极行为对政策执行效果有负向影响	验证
H14	政策利益相关者的积极行为对政策执行效果有正向影响	验证
H15	政策利益相关者的消极行为对政策执行效果有负向影响	未验证
H16	政策环境在政策内容适恰与政策执行效果之间起调节作用	验证
H17	政策执行者能力在政策内容适恰与政策执行效果之间起调节作用	验证
H18	政策资源分配在政策内容适恰与政策执行效果之间起调节作用	验证

第五节　凉山州扶贫政策执行影响因素及影响路径评价

既有研究大多从体制的视角去分析基层政策执行当中出现的问题，尤其是从压力型体制和"双轨政治"的逻辑出发去挖掘问题根源。体制层面的原因确实能够很透彻地解释扶贫政策执行中出现的很多梗阻，但同时从体制的视角进行的研究也存在一个硬伤——那就是体制的刚性，这种刚性意味着从体制层面寻求解决现实问题的路径依赖是有缺陷的。基于此种考量，本书试图换个视角对扶贫政策执行影响因素进行重新审视和分析。在此次的扎根研究中，本书主要以政策执行策略的视角来阐释政策执行过程中出现的某些问题，并寻求从政策执行策略的改善为突破口来进一步优化扶贫政策执行效果。本次研究的理论价值主要体现在以下几点：

（1）在既有的自上而下和自下而上的"双轨式"线性政策执行研究维度上有所拓展。本书不仅关注横向组织不同部门间的合作和政策互补，还通过实地调研获取的诸多访谈证据证明基层政策执行网络的存在——基层政策执行者团队。该团队主要包括专干、驻村第一书记、驻村帮扶工作队员、农技员、村支书、村主任、村会计和文书等奋斗在政策执行一线的工作人员和干部。基层政策执行团队的协同合作在政策执行中起着重要的推进作用。

（2）改善了既有研究对政策对象的刻板化和静态化的研究假设。本书提出的理论模型注重对政策对象和政策执行之间的互动进行透视，更注重以动态和灵活的视角来看待政策对象在面对不同政策和项目时所采取的消极回避策略或积极配合行动。

（3）丰富了政策内容是如何影响政策执行效果的研究成果。访谈发现，政策内容前后不一致，不仅导致政策对象的冲突和矛盾，也对政策执行者造成了执行困境。政策内容前后一致，包括下一阶段的政策在内容上保持连贯性，对于优化政策执行有着非常重要的实践意义。

（4）增加了对积极的政策执行影响因素的总结和提取。"门槛式"执行的间接政策执行方式是优化政策执行的有效路径，不仅能激发政策对象的内生动力、解决政策对象"等靠要"的问题，还能提高政策资源使用效率，减少资源浪费。

综上，本书更加注重政策执行网络、政策主客体互动、政策主体间协作和政策执行问题的解决，从理论上来看，正好契合了当下新公共治理理论的主要关注点，同时也符合我国共建共治共享的社会治理制度和自治法治德治的基层社会治理格局的构建要求。

本书在研究视角上进行了一定的拓展，第五章对 7 个影响要素的影响路径进行了实证分析，使前文扎根建立的影响因素维度及其影响路径在经过实证分析之后从"经验要素"进一步提升为"理论要素"，为第六章提出对策建议提供了科学的分析基础。

第六章　基层扶贫政策执行的有效经验总结

　　根据第五章的研究结论，本章将从扶贫政策内容优化、政策对象和利益相关者行为、政策执行策略、政策执行主体能力提升的角度来对凉山州扶贫政策执行优化提出对策建议。第一，在政策内容上，主要建议通过提升扶贫政策供给的稳定性来提高政策执行效果。具体包括各项扶贫政策间调整前后的纵向衔接、相关部门在政策领域的横向协同、能及时对政策对象的需求和利益相关者的诉求给予回应并做出相应调整、增加构建扶贫物资利用评估机制的内容，从而提升政策的稳定性、灵活性和有效性。第二，在政策对象上，要实现对扶贫政策对象的持续赋能与赋权，主要包括扩大政策对象在政策执行中的参与协商路径、培育激发基层自治力量、移风易俗促进观念转变。第三，在政策执行策略（包含利益相关者行为策略）上，主要通过采取构建扶贫政策执行的多元激励策略来激发政策对象、利益相关者和基层扶贫政策执行主体的积极性，主要通过"门槛式"执行实现政策对象的梯度激励、通过需求耦合实现政策执行者的多元激励、通过政策溢出效应实现利益相关者激励。第四，在政策执行主体能力上，主要建议通过提升政策执行主体能力来提升基层政策网络治理能力，具体对策包括加大人才引进力度，提高执行主体个体能力；增进部门合作，提高各部门间协同能力；培育社会主体，完善社会组织参与能力。

第一节 提升扶贫政策供给的一致性

一、各项扶贫政策保持调整前后一致

政策的前后一致性主要是指确保扶贫政策在可预见的未来具有第 1 节持续效力①。这需要保障各项扶贫政策在政策目标与政策手段上保持一致性，能够形成有效的前后衔接。

一是提升扶贫治理的战略管理水平，运用战略管理思维，科学地设定战略愿景和战略目标，有效地进行目标分解和战略执行，将各项扶贫政策的制定和实施统一到战略管理框架中，在政策制定环节提高各项政策的协调程度。

二是适当利用政策调整与终止，对于不符合扶贫需求的政策及时终止，对于需要根据实际情况调整的政策及时调整，尤其是要及时配置防返贫政策，巩固扶贫成效。针对已经脱贫的政策对象，在脱贫攻坚期内保持脱贫不脱政策，除住房建设等一次性政策外，对已脱贫对象继续给予支持，做到脱贫不脱帮扶、脱贫不脱政策、脱贫不脱项目；每年坚持对已脱贫对象开展"回头看""回头帮"，重点查找住房、教育、医疗"三保障"方面存在的不足，及时将因病因灾返贫对象纳入帮扶计划，逐户制定"回头帮"措施，及时补差补短，持续巩固精准脱贫成效。

三是抓好产业项目实施，帮助困难群众实现可持续发展。坚持长短结合、精准发力，把发展短平快项目和培育特色产业结合起来，变输血为造血，实现可持续稳固脱贫。

二、相关部门政策领域的横向协同

扶贫政策是一项系统性工程，不仅关系到扶贫政策本身，还与经济和

---

① 周志忍，蒋敏娟. 整体政府下的政策协同：理论与发达国家的当代实践 [J]. 国家行政学院学报，2010（6）：28-33.

社会发展的诸多领域产生协同效应，因此要统筹安排配套政策，提升扶贫政策的效应。相关部门政策领域指的是能够与扶贫政策相互补充、相互适应的其他各部门政策。根据希克斯的整体性治理理论，政府组织的层级间、不同部门之间的协同合作有利于提高政府的治理效果。整体性部门协作在政策上就体现为部门之间的政策互补。不同部门间的政策互补有两大作用：第一，可以有效促进扶贫政策的执行，同时能够实现政策资源利用最大化，尽可能减少资源浪费；第二，能够通过不同政策解决基层扶贫政策执行中出现的矛盾，有效提高基层治理效能。因此配套政策的灵活运用极大提高了政策灵活性，从而使扶贫政策得到更加有效的执行。主要的互补政策包括社会保障部门政策、土地政策、金融政策、财政政策等。具体建议措施如下：

完善社保兜底。一是加强农村最低生活保障制度与扶贫开发政策的有效衔接。将丧失劳动能力、因病因残致贫、无法通过扶持生产和就业发展实现脱贫的贫困人口，全部纳入农村低保保障范围。二是完善城乡居民基本养老保险制度。三是加大贫困特殊群体脱贫保障。将生活仍有困难的建档立卡低保兜底的老弱病残等列为重点救助对象，采取多种措施提高救助水平，保障其基本生活需求。四是加大贫困妇女儿童帮扶力度。加大对农村留守儿童、留守妇女、留守老人的关爱帮扶力度，并落实定期探访制度。

深化金融部门、财政部门等多部门的政策合作和补充，妥善解决脱贫攻坚中存在的扶贫资金管理不严、使用效益不高、土地资源利用不足的问题。新增建设用地计划、增减挂钩计划、工矿废弃地复垦利用计划向贫困地区倾斜，省域内增减挂钩指标优先满足贫困地区。县域内节余指标可在省域范围内流转使用，积极推动深度贫困地区增减挂钩节余指标跨省域调剂使用，收益全部用于脱贫攻坚和乡村振兴。创新土地利用政策，探索农村集体经济组织以出租、合作等方式盘活空闲农房及宅基地；允许通过村庄整治、宅基地整理等节余的建设用地采取入股、联营等方式，支持乡村休闲旅游养老等产业和农村一、二、三产业融合发展。完善与政策对象相关的金融帮扶政策、创业担保贷款政策和脱贫人口小额信贷政策，支持落实优势特色农产品保险。

第二节 实现扶贫政策对象的持续赋能与赋权

一、加强产业帮扶措施，拓宽农户长效增收渠道

一是对政策对象分类制定产业发展项目。对具备产业发展条件的政策对象，根据其自身特点优势，以县为单位规划发展乡村特色产业，发展林果、农副产品加工、设施农业和庭院经济，发展电商、光伏、乡村旅游等新产业新业态，做好农产品的品牌创建、输出、营销工作。

二是扶持和培育致富带头人（企业），支持农户创业。培育当地的龙头企业、致富带头人、新型职业农民和家庭农场、农民专业合作社等新型经营主体；培育专业化社会服务组织、现代农户家庭农场、返乡入乡创业带头人等创新型农业发展行动，支持龙头企业与农民合作社、家庭农场组建产业化联合体，将先进适用的品种、技术、装备、设施导入小农户，培育一批家庭工场、手工作坊、乡村车间等。

三是实施产业联村，打造完整产业链。对不同区域的自然禀赋和地理环境进行分析研判，统筹产业资源，打破区域限制，成立联村党组织，实施产业联村，优化产业布局和资源配置。因地制宜规划和打造原材料供应链和产品深加工链，第一可以降低原材料供应成本，提高产品附加值；第二有助于形成规模性生产，满足大市场需求；第三可以进一步增强抵御市场风险的能力和发展的可持续性、稳定性。

四是加强对农户的技术培训，助力农产品提质增量。加强对政策对象和其他农户的技术培训，持续实施"职业农民培训""农村实用技术培训"等培训活动，从思想上增强农户对现代化农业的认识，从技术上对农户进行农业技术培训；制定统一规格的农产品标准，提高农产品质量，加强对农产品质量的检测和监管。

五是完善农产品烘干冷链物流。凉山州的优势特色农产品以蔬菜粮食、生鲜水果、肉类产品为主。目前产业发展受阻的重要原因是缺乏快捷的物流体系、专业的农产品烘干设备，以及广泛便捷的冷链物流。应统筹

推进仓储保鲜、冷链物流等建设，培育形成结构合理、链条完整的现代农业产业体系，实现农业全产业链高质量发展。

二、完善就业帮扶措施，提高农户持续增收能力

完善就业帮扶措施的主要方式是通过多元渠道将农村剩余劳动力输出去，为农户提供持续增收渠道，实现脱贫成果的长效性和可持续性。针对不同类型的政策对象实施有针对性的就业帮扶措施：

一是加强对劳动力的职业技能培训。对有就业意愿且有劳动能力的政策对象，增强职业技能培训，搭建用工信息平台，持续实施支持扶贫车间的优惠政策，保障无法外出务工的政策对象能就地就近就业。

二是加强劳务输出力度。持续实施"劳务输出巩固提升行动"，发挥东西部协作、对口支援作用，精准开展劳务对接，扩大政策对象外出务工规模。

三是合理开发公益性岗位。统筹利用公益性岗位，护林员、护路员、护草员、护水员等乡村公益性岗位向政策对象倾斜，促进就近就地就业，健全动态的岗位管理机制，优先安置特殊困难政策对象。

四是把易地扶贫搬迁集中安置群众、农村易返贫致贫人员、就业困难人员定为就业帮扶工作的重点对象。

五是建立就业精准帮扶机制，确保集中安置点家庭和有劳动能力的政策对象至少有1人就业，确保农村易返贫致贫人员和就业困难人员可持续性增收。

六是加强务工人员的党建工作。实施优秀农民工党员发展专项计划，分层级培养党员、村级后备力量和村党组织书记，发挥农民工党员先锋的模范带头作用。

三、优化医疗条件，保障群众身体健康

一是实施并加强医疗救助机制。协调落实政策对象城乡居民基本医疗保险、大病保险、医疗救助、大病救助、慢病签约服务、先诊疗后付费、医疗费用控制等政策措施。

二是加强对医疗卫生人才队伍的建设。每个建制乡镇卫生院至少配备1名全科医生，逐渐改善基层卫生人才学历和职称结构。探索建立县域医疗卫生服务新体系和运行新机制，提高县域医疗卫生服务水平和质量。

三是统筹发挥医疗保障措施的功能。依次健全并发挥基本医疗保险、大病保险、医疗救助三重保障制度和卫生扶贫救助基金、医药爱心扶贫基金的保障功能，减轻农村低收入人群看病就医的经济负担，防止发生因病返贫致贫。

四是持续开展缉毒执法、禁毒社会化等工作。推进禁毒科技信息装备建设，持续加强毒品危害宣传工作，完善戒毒康复工作体系。

四、实施教育帮扶，增强造血能力

一是动态监测农户中义务教育阶段适龄儿童少年失学辍学现象，以便及时进行劝返，或者送教上门。

二是落实家庭经济困难学生生活补助等帮扶政策，协调落实"雨露计划"、助学贷款、奖助学金、其他教育补助等政策覆盖政策对象。

三是落实家庭经济困难学生资助政策和民族地区教育帮扶政策，持续落实"一村一幼"和开展民族地区"学前学会普通话"行动。

四是优化中小学校和幼儿园布局结构，提高基础教育公共服务保障水平。

五是加大教师队伍建设支持力度。设立民族地区教师帮扶基金，通过开展教师购买服务试点、增加生均公用经费等方式，解决因财力不足造成的优质教师匮乏的难题。继续开展民族地区教育帮扶活动，增加支教教师数量、适当延长帮扶时间，以此作为不断提升教学质量和教师素养的补充手段。

六是开展移风易俗行动，巩固扶贫扶智成效。深入开展移风易俗行动，进一步整治陈规陋习，防止出现因"薄养厚葬、高额彩礼、相互攀比、铺张浪费"而返贫致贫的现象发生。

五、完善基础设施建设，夯实硬件基础

第一，完善住房安全建设。通过农村危房改造、易地搬迁集中安置等

方式，及时解决政策对象住房不安全问题。第二，深化饮水安全保障。对贫困地区进行全面排查，找出存在缺水问题的村庄，统一配套打造水井和供水设备的资金及工程方，解决缺水问题。协调落实饮水安全提升工程、自来水入户管网改造和维护等政策。进一步完善农村供水网络，加强规模化集中供水工程建设，提高农村供水保障应急处置能力，加强农村的水源地保护和水质监测。第三，完善农村交通路网的建设。重点在全面完善并提升帮扶村的直连道路，保障撤并建制村与新村委会直连道路畅通，持续完善并达到路面标准（4.5米及以上）和道路质量；增强农村路网支撑产业和旅游发展的能力，保障重要产业园区、旅游景区的道路与既有路网衔接顺畅；加强县乡村三级物流体系建设，实施乡村运输"金通工程"。

第三节　构建扶贫政策执行网络的多元激励策略

一、通过"门槛式"执行实现政策对象的梯度激励

"门槛式"执行方式具有"有底线式"帮扶、"有条件式"给予、"主动式"参与的特征。"有底线式"帮扶主要指的是扶贫政策执行实现"两不愁三保障"，使政策对象实现脱贫即可。"有条件式"给予主要指的是在发放扶贫物资的时候不是直接给予，而是有条件地把这些物资发给政策对象，以实现扶贫物资的有效利用。"主动式"参与指的是政策对象不需要某种物质激励，积极主动地配合并参加扶贫政策执行。这几个层面可以实现对政策对象从最低限度保障到激发内生动力的"梯度"激励。具体对策建议内容如下：

1. 通过"有底线式"帮扶这种积极策略，以脱贫的最低标准执行扶贫政策

对政策对象而言，实现"两保障三不愁"之后就可停止帮扶并将其退出建档立卡户指标，以一段时期内"脱贫不脱政策"作为过渡条件，减缓政策对象的抵触和不满情绪。以灵活运用不同部门政策的方式对临界贫困户进行帮扶，比如以低保政策和扶贫政策进行互补，将没有纳入建档立卡

户的生活困难的临界贫困户纳入低保户，实现资源上的均衡，解决全体村民生活困难的问题。"有底线式"的帮扶有两个优势：第一是不助长政策对象的等靠的思想；第二是利用好扶贫资源以更有效地实现整村脱贫，提高全体村民的政策满意度和公平感。

2. 通过"有条件式"给予实现扶贫资源的有效利用，同时有效激发政策对象的内生动力

该策略主要体现在政策执行者和政策对象的互动策略中。具体执行主要有以购代捐、以奖代补、以工代赈这三种形式。这三种间接执行的扶贫政策执行策略在凉山州的扶贫实践中取得了很好的执行效果。

以购代捐是动员社会各界以略高于市场平均价的价格采购贫困户生产的农副产品的方式来取代直接捐款捐物的扶贫方式，通过解决贫困户的农副产品销售和增收问题来实现扶贫政策目标。这是一种通过市场交换行为来实现扶贫的手段，但是这种方式会面临一定的市场风险，若供需平衡被打破（比如大量贫困户都种植萝卜，供大于需，就有导致萝卜贬值的风险），会进一步损害贫困户的经济利益。因此，政府在以购代捐的执行方式中主要起着降低风险的作用，主要通过两种方式降低贫困户的市场风险：一是将社会直接捐款捐物转化为以购代捐；二是正确评估市场需求量和贫困村自身资源禀赋，实施差异化产业发展。

以奖代补是以奖励的形式给贫困户发放生活物资和补助等，从直接式扶贫向间接式扶贫转化，能够起到激励贫困户的效果。调研发现，以奖代补在基层扶贫政策执行中发挥了重要作用，使基层政策执行者能够有效利用生活物资和基础硬件设施。同时基层政策执行者把扶贫物资与道德银行和道德超市进行有机结合。村民通过道德行为在道德银行积分并在道德超市换取生活物资。这不仅能够从内有效培养村民的道德行为，而且还能从外促进村民养成良好的生活习惯，塑造道德环境。村村响喇叭、投影仪等硬件设施也得到了有效运用，通过早晚定时放喇叭、组织村民观影、与村民交流等方式，能够潜移默化地激发他们对美好生活的憧憬和发展动力。

以工代赈是指动员贫困户参与基础设施和住房建设，以此获得劳务报酬的方式。以工代赈通过在贫困户家门口提供就业机会来帮助贫困户脱

贫。具体方式包括建立健全村内基础设施维护机制，优先吸纳贫困人口参与基础设施管理养护；鼓励政策对象主动投身基础设施建设、住房建设等，通过自身努力改变生活现状。

3. 通过"主动式"参与的方式激发政策对象的内生动力

"主动式"参与主要包括鼓励政策对象积极参与技术学习讲座、文化讲座、农民夜校等村级学习活动；配合养成良好生活习惯，诸如"三建四改五洗"①；主动投身基础设施建设、住房建设等，通过自身努力改变生活现状。在动员政策对象参与政策执行过程中，杜绝使用"交换式"的参与方式来动员政策对象，比如参加讲座就给小礼品。这种"交换式"的动员方式收效甚微，一方面进一步加深了贫困户等懒靠的思想；另一方面不仅不利于调动政策对象的积极性，反而进一步推动政策对象采取逃避策略，同时还造成了扶贫政策资源的浪费。

二、提升对象参与基层治理的能力，培育主体意识

善于挖掘凉山彝区传统社会体制的优势，积极调动传统治理主体，挖掘利用传统社会资本存量，培育自治主体。传统社会体制的协调和约束优势具体指的是凉山彝区的"家支"和"德古"在扶贫政策执行中发挥着重要的协调以及约束作用。"彝族地区的社会环境和人文环境相对比较复杂，由于长期处于封闭、半封闭的状态，形成了独具特色的文化、风俗习惯、宗教信仰、伦理道德以及社会治理制度。因此，这种复杂并且独特的情况对凉山彝族地区基层农村社会治理提出了特殊的需求。"②"家支"是凉山彝族的社会组织制度，是以血缘关系为纽带形成的家族支系。"德古"是"每一个家支中的头人或核心人物，不仅是家支制度的维护者，还是凉山地区公共事务的管理者和协调者"③。在凉山彝区传统文化和社会制度中，

---

① "三建"即建庭院、建入户路、建沼气池；"四改"即改水、改厨、改厕、改圈；"五洗"即洗脸、洗手、洗脚、洗澡、洗衣服。
② 阿海曲洛."德古"在彝族地区基层社区治理中的作用：以凉山彝族自治州为例 [J].商，2015（49）：89.
③ 阿海曲洛."德古"在彝族地区基层社区治理中的作用：以凉山彝族自治州为例 [J].商，2015（49）：89.

围绕家支和德古形成了关系更为紧密、信任程度更高、非正式制度更加完备的人际关系网络，为政策有效执行和推进积累了大量的社会资本，也为凉山彝区基层的自治组织培育打下了良好的根基。

研究发现，可以从家支中培育彝区自治组织，通过彝族习惯法来有效规约政策对象，在扶贫政策执行过程发挥家支和德古的教育、沟通、说服、引导、宣传和行为约束作用，完善村民自我管理、自我教育、自我服务的能力。

三、通过移风易俗激发内生动力

政策对象的思想观念受到部分传统糟粕的影响，从而形成了一些不良习惯和落后观念。要转变政策对象的观念和习惯，就要通过适当的移风易俗来进行转变：

一是加强教育引导，以社会主义核心价值观为引领，广泛开展感恩奋进主题教育，坚持自治、法治、德治相结合，积极发挥村民议事会、道德评议会、红白理事会等自治组织和村规民约、居民公约的作用，推进移风易俗、破旧立新活动，加强厚葬薄养、高额彩礼等问题的治理活动。

二是提升贫困群众学习能力，动员村民积极参与技术学习讲座、文化讲座、农民夜校等村级学习活动，通过"农民夜校"组织贫困群众学文化、政策、法律、技术等，开展"田间培训"活动和"车间培训"活动，提高村民的知识技能掌握水平。

三是发挥典型人物的示范引导作用。开展千村文化扶贫行动和"万千百十"文学扶贫活动，总结推广扶贫先进、脱贫典型，用身边人身边事示范引领。

四是配合养成良好生活习惯，推动诸如"三建四改五洗""推普脱贫"等政策的执行，集中力量解决农村脏乱差、人畜分离、改厕和村庄绿化等问题。在改造过程中，在注重移风易俗，去掉传统习俗中的糟粕同时，应保留住优良传统文化和风俗，这样才能有效转变政策对象的观念。

四、通过需求耦合实现政策执行者的多元激励

在扶贫政策执行过程中，需要激发内生动力的不仅是政策对象，政策

执行者在扶贫工作中也需要内生动力做支撑，才能焕发热情投入扶贫政策执行。政策执行者个体在物质和心理层面的需求耦合对于政策执行者的扶贫积极性有着重要影响。基层扶贫干部的理性主要是其对工作待遇与工作繁忙程度、工作的危险系数、工作对家庭关系的影响等各方面的比较和计算。对政策执行者的个体需求有一个全方位的正确认识有助于建构完善的扶贫政策执行者的激励机制。

具体经验是：强化人才引进政策支撑，在人才招聘、岗位管理、职称评定、激励保障等方面实施特殊灵活政策。落实好脱贫攻坚一线的县乡干部津补贴、周转房等政策，改善基层政策执行者工作条件，对在脱贫攻坚中因公牺牲的干部和基层党员的家属及时给予抚恤，长期帮扶慰问；对在脱贫攻坚中表现优秀、实绩突出、群众认可的干部，及时提拔、表彰、评聘。只有建立完善的激励制度，激发基层政策执行者的内生动力，使政策主体和政策对象都以积极上进的态度参与扶贫工作，才能从根本上实现扶贫政策的效率最大化。

五、通过政策溢出效应实现利益相关者激励

政策溢出效应指的是扶贫政策执行不仅会产生活动所预期的效果，而且会对政策对象之外的人和社会产生影响，即外部收益。利益相关者主要有两类：第一类是临界贫困户，临界贫困户指的是与建档立卡户在经济条件上几乎无差别，可能就因为临界贫困户比建档立卡户多一只鸡或一头猪便无法享受扶贫政策带来的利益；第二类是非贫困户，这一类在利益相关者中占主要部分。利益相关者的不公平感主要源于贫困户在扶贫政策执行中能得到大量教育、医疗、住房、基本生活保障等各方面的资源和补助，从而使利益相关者，尤其是临界贫困户产生极大的不公平感。若某些贫困户具有等靠要等行为特质，更会造成利益相关者的强烈不满，进而引发矛盾。因此，要缓解利益相关者群体的矛盾，不仅要靠"门槛式"政策执行策略来减少利益相关者的不公平感，还应利用扶贫政策执行的溢出效应来提高利益相关者群体的公平感和满意度，通过扶贫政策执行对贫困山区的基础设施环境的改善来提高整体的满意度和积极性。

具体经验有：着重补齐路、水、电、网等基础设施短板，全面改善贫困群众生产生活条件，为后续乡村振兴发展打下坚实基础。一是推进交通基础设施建设，实现贫困县高速公路基本覆盖。构建县乡村农村公路建设，实现乡乡通油路、村村通硬化路。对深度贫困县破损严重的通乡油路整治给予补助，通过以奖代补的方式奖励率先完成交通建设的贫困县。二是推进水利基础设施建设。持续实施农村饮水安全巩固提升工程，解决贫困人口的饮水不安全问题；实施产水配套工程，增加节水灌溉面积；为贫困地区经济社会发展提供水源保障，提升贫困村供水保障能力和水平。三是推进农村电力设施建设，解决贫困地区供电设施落后、供电能力不足的问题。四是推进通信网络设施建设。实现所有贫困村有光纤和无线宽带网络。为下一步乡村振兴打下坚实的硬件设施基础。

第四节　提升政策执行主体的网络治理能力

一、培养多层次能力，提高基层执行者个体能力

能力层次指的是基层执行者个体所具备的不同层次的能力。按照能力的必要程度来划分：最高层次的能力也是要求最高的能力，是基层扶贫干部的个人价值追求，主要指的是政策执行者在个体价值层面对理想和情怀的追求；较低一点的能力是个体的工作能力，具体包括环境融入能力、团队合作能力、心理素质等；最基本的能力就是知识储备和身体素质。这些多层次能力统一体现了政策执行者个体的综合能力，在扶贫政策执行中起着重要的作用。

从最基本的能力层次来看，政策执行者拥有充足的知识储备和先进的理念意识才能为基层扶贫政策的执行提供创新思路，而健康的身体是工作的基础。

从第二层级的能力来看，环境融入能力主要是指的是基层政策执行者在进入贫困村伊始，快速适应并融入陌生环境的能力，包括与村民的交流能力，对交通条件、自然环境、气候条件的适应能力。该能力主要与政策

执行者个体身体素质和基本的语言技能、交流技能等相关。如果基层政策执行者在环境融入能力方面存在问题，就需要村两委协助其快速融入贫困村，打通和村民之间的隔阂以实现更好的交流和沟通，从而有助于政策执行者个体更加有效地执行扶贫政策。

从最高级的能力层次来看，为贫困山区的老百姓做出贡献的奉献精神和理想情怀是激发政策执行者积极投入扶贫政策执行的原动力。

在知识型的基层人才培养上，主要通过引进急需紧缺人才、援助专业技术人才、高层次专业技术人才的方式来增加专业型人才；统筹推动省内高校、科研院所、医疗卫生机构、国有企业与贫困县开展"一对一"帮扶实现人才帮扶；鼓励大学生到基层就业、激励教育卫生人才向基层流动、加强基层专业技术人才队伍建设等。在环境融入能力的培养上，坚持外部引进与本土培养相结合，坚持解决当前急需和服务长远相结合，实施定向培养、在职培训、人才引进、人才援助等人才培养计划，加大对深度贫困县干部选派倾斜支持力度。设立深度贫困人才资金，重点培养本土实用人才，实现深度贫困县乡村实用人才充足、专业人才齐全、重点领域人才结构合理，从而改善人才引不进、留不住的问题。在理念情怀的培养上，开展贫困地区干部轮训，树立基层扶贫工作的信心、决心和理想，全面从思想上壮大深度贫困县人才队伍。

二、增进部门合作，提高各部门协同能力

增进部门合作能力主要包括增强横向组织各部门的协同合作，以及构建基层政策执行网络。

扶贫政策执行组织在横向各部门之间的统筹协作主要体现在动员各级政府所有部门的力量，举全国之力来开展扶贫攻坚工作。在基层扶贫政策执行主体的组织架构中，县级层面成立了脱贫指挥办公室，全权由该部门牵头扶贫政策执行工作，统一协调并分配23个单位在脱贫攻坚中的主要任务和责任，实现资源分配效率的最大化，以及部门间政策互补的最优化。比如易地搬迁由发改部门负责，彝家新寨由扶贫移民局负责，土地增减挂钩由国土资源局负责，每一个单位负责不同的扶贫项目并相互配合、灵活

执行。在扶贫政策执行的人力资源层面，整合政府各部门和企事业单位的所有人力资源，将个人派驻到各个贫困村去做扶贫工作。扶贫岗位包括扶贫专干、驻村第一书记、驻村帮扶队等，其工作内容主要包括教育和医疗帮扶、技术指导、产业指导、业务指导、思想教育等各方面，以发挥个人在贫困村的带头作用和指导帮扶作用。在扶贫工作纵向组织层级的内部监督上，组织各权力部门参加调度会，增强调度会的威慑力，横向打通各部门壁垒从而形成更加严格的监督机制。通过横向各部门在政策、资源、人力、监督上的统筹协作，扶贫政策执行主体的力量实现了最大化。

在基层政策执行网络构建层面，由于我国政府实施首长责任制，研究的关注点主要集中在关键的政策执行领导上，从而忽略了基层执行团队的构建研究。随着全球新公共治理理论范式的兴起，以及国家治理体系和治理能力现代化的提出，多元参与的政策网络和政策执行团队也开始在政策执行中受到关注，在基层的实践中也涌现出很多团队合作提高政策执行效率的案例。因此，首先应注重提升基层扶贫政策执行者所构成的政策执行团队的协作能力。基层政策执行网络主要包括乡级干部——乡长、乡党委书记和扶贫专干，村级干部——驻村第一书记、驻村帮扶队员，村两委、村文书和村会计等。基层政策执行团队中，不同个体通过优势互补形成合力，对扶贫政策执行效果的实现有直接影响。比如村两委普遍存在文化知识不足的问题，因此扶贫中的文字工作主要由第一书记和帮扶队员来承担；而第一书记和驻村帮扶队员也存在不懂彝语和当地风俗习惯、与贫困户沟通不畅的问题，因此与贫困户协调沟通和宣传指导的工作主要由村支书和村主任来协助完成。其次，重视对村两委的能力提升和素质培养。村两委是化解基层矛盾的主体，要实现扶贫政策执行成效的长效化和实现可持续脱贫，就要加强村两委的党建工作、能力培养、工作监管和评估机制建设。

三、培育社会主体，完善社会组织参与能力

积极动员引导社会各方面力量参与脱贫攻坚。积极引导各方参与，继续推动民主党派、工商联、群众团体、高等院校、科研院所等参与脱贫攻坚，鼓励引导各类非公有制企业、社会组织、个人自愿采取定向或包干等方式参与扶贫。开展多元主体参与的社会扶贫活动。健全社会扶贫机制，建立扶贫志愿服务人员库，推进扶贫志愿服务制度化建设。大力培育公益慈善类社会组织，加快建立社会组织帮扶项目与贫困地区需求信息的对接机制，引导社会力量自发自愿参与扶贫。

第七章 研究结论与展望

　　本书着力于对扶贫政策执行的影响因素进行研究，试图对扶贫政策执行中的影响因素及其影响维度进行深度挖掘，从实践层面为基层干部提供经验借鉴，同时也希望能够为我国政策执行影响因素研究提供经验借鉴。本书第四章对凉山州已脱贫地区进行了实地调研访谈，通过扎根理论从广泛的访谈资料中挖掘出影响凉山州扶贫政策执行的 7 个因素，并根据调研材料对其影响路径进行分析，继而提出研究假设。第五章对整个凉山州的脱贫村进行抽样和大范围问卷调研，通过结构方程模型对第四章提出的研究假设从链式中介路径和调节变量两个维度进行实证分析，对政策内容的适应性、政策执行策略、政策执行环境、政策资源利用效率、政策执行主体能力、政策对象及利益相关者的行为对政策执行效果的影响路径进行了实证检验。

　　在政策内容上，普雷斯曼和怀尔德夫斯基将政策执行从整个政策研究中独立出来进行研究，政策研究进入执行研究阶段，因为他们认为政策执行是独立于政策制定的一个环节。政策执行虽然独立于政策制定，是对既定的政策内容进行实践，但是在具体执行中并不是简单地对政策内容做机械操作，而是对政策内容深入解读，确定政策目标，灵活运用政策内容来实现既定目标。因此在政策执行之前，为了能够实现"更好的执行"，首先应对政策进行深入解析，政策解读是政策执行工作开展的前置阶段，应以政策目标为导向，具体问题具体分析，因地制宜地对政策进行解剖和再认识，使之符合基层实际情况，而不是机械地照搬实施政策内容。同时，运用各类政策灵活互补，通过不同政策互补缺陷，有效实现政策资源合理配置，解决基层贫困治理问题。要实现政策之间的有效衔接和互补，就要使社会保障政策、金融政策和土地政策与扶贫政策之间实现灵活协调和互相补充，为政策执行提供完善的政策内容依据。

在政策执行主体和对象层面，促进政策执行的主要因素包括组织上横向部门之间的互动协作和资源共享，基层政策执行团队的打造和团队成员之间的团结协作及优势互补，基层政策执行者个人的能力及价值理性层面对政策目标理想追求，以及末梢政策执行者在政策执行过程中对基层政策执行者的配合。针对政策对象和利益相关者，应该采用矛盾分析法，对政策对象和利益相关者之间的主要矛盾、次要矛盾以及他们的共同利益进行深入挖掘，放大基层群体的共同利益，缩小不同对象的矛盾差距，使政策利益相关者和政策对象都能从政策实施中受益，从而实现政策有效性，为乡村振兴打下扎实的基础条件。

在有限的政策资源条件下，政策执行者应注重对有限的政策资源进行有效的利用，尽可能以最少的资源发挥最大的执行成效。其中政策执行方式起着关键作用，不当的政策执行方式会造成资源的浪费，适当的政策执行方式则会合理利用资源并使资源的效益最大化。

在特定的政策执行环境中，政策执行者应注重规避政策执行环境中的环境劣势，包括自然环境、人文环境、基础设施环境。自然环境因素是致贫返贫的主要风险因子之一，人文环境因素主要指的是政策对象的落后的生活习惯或者风俗观念，制度环境主要指的是组织层面的制度环境，在执行政策过程当中是自上而下严格的监督环境以及自下而上的需求耦合机制。政策执行者应注重对有利环境条件的运用，比如产业发展的环境和潜力优势，并且发掘传统社会体制中的优势力量来协助政策执行，像彝区的家支在解决政策对象和利益相关者矛盾和问题中起着重要的调解沟通作用，以及在禁毒防艾、移风易俗中也起着的一定的监督、约束和引导作用。

"门槛式"政策执行策略能够有效提高政策执行成效。不同的政策执行方式会对政策对象和利益相关者产生不同的影响，继而引发他们采取促进政策执行或阻碍政策执行的策略和行为中。不良的结果会反馈给政策执行者，进而引起对政策内容的调整，而对政策内容的调整若存在政策调整前后不一致、不衔接、不连贯的情况的话，就会进一步加剧政策对象和利益相关者阻碍政策执行的策略和行为，从而就形成恶性循环。在"门槛式"政策执行策略中，政策执行主体、政策执行环境和政策资源也起着关键作用。其核心在于采用适当的政策执行方式可以优化政策执行过程，不仅能够促进政策目标的实现，还可能会促成更好的执行效果，从而实现"更好的执行"。

　　本书的研究结论具有一般性和普适性，能够为我国基层政策执行者提供有效的实践经验借鉴和启示；同时也契合了政策执行研究领域目前对后实证主义研究范式的运用，本书通过质性研究方法得到了影响凉山州扶贫政策执行的因素变量及影响路径。因此本书在研究方法和研究内容上都很好地与当前政策执行研究的主流范式和研究内容接洽，同时也丰富了我国政策执行的既有研究成果。此次研究关照了政策对象和利益相关者的行为策略，同时发掘出政策执行策略这一重要因素在基层政策执行过程当中所起到的关键作用，因此具有一定的经验借鉴意义。

　　在未来的研究中，笔者希望能从两个方面进行的深入研究：第一是利用更多的已脱贫民族地区的样本来检验这 7 个影响要素及其影响路径的准确性和一般性；第二是用本书的研究结论去探讨一般性公共政策的执行实践，进一步拓展政策执行影响因素的研究范围。

参考文献

阿海曲洛，2015. "德古"在彝族地区基层社区治理中的作用：以凉山彝族自治州为例 [J]. 商（49）：89.

阿玛蒂亚·森，2002. 以自由看待发展 [M]. 任赜，于真，译. 北京：中国人民大学出版社.

曹堂哲，2005. 政策执行研究三十年回顾：缘起、线索、途径和模型 [J]. 云南行政学院学报（3）：48-52.

曾昭抡，2012. 大凉山夷区考察记 [M]. 北京：中国青年出版社.

陈浩天，2017. 认知差异、信息分化与国家扶贫政策清单执行绩效：基于全国20省（区、市）3513个贫困农户的调查 [J]. 东南学术（6）：87-93.

陈辉，陈讯，2018. 精准扶贫实践中的政策执行偏差及其调适 [J]. 中共福建省委党校学报（9）：86-92.

陈坚，2017. 易地扶贫搬迁政策执行困境及对策：基于政策执行过程视角 [J]. 探索（4）：153-158.

陈庆云，2011. 公共政策分析 [M]. 2版. 北京：北京大学出版社.

陈秋红，粟后发，2019. 贫困治理中主要利益相关者的多重摩擦和调适：基于广西G村的案例分析 [J]. 中国农村经济（5）：72-88.

陈向明，1999. 扎根理论的思路和方法 [J]. 教育研究与实验（4）：58-63，73.

陈振明，2003. 政策科学：公共政策分析导论 [M]. 2版. 北京：中国人民大学出版社.

春甫，薛倩雯，2019. 扶贫政策执行中的形式主义：类型特征、影响因素及治理策略［J］.理论与改革（5）：140-152.

费小冬，2008.扎根理论研究方法论：要素、研究程序和评判标准
［J］.公共行政评论（3）：23-43，197.

费孝通，1993.乡土中国与乡土重建［M］.台北：风云时代出版公司.

高尔基，1960.苏联游记［M］.秦水，等译.北京：人民文学出版社.

龚宏龄，2017.受众对公共政策执行的影响研究：以中国房地产利益
群体为例［M］.北京：中国政法大学出版社.

郭熙保，2005.论贫困概念的内涵［J］.山东社会科学（12）：49-54，
19.

郭小聪，吴高辉，李刘兴，2019.政策脱节中的政府行为机制：基于
深度贫困县L产业扶贫过程的案例分析［J］.西北农林科技大学学报（社
会科学版），19（5）：33-39.

何鉴孜，李亚，2014.政策科学的"二次革命"：后实证主义政策分析
的兴起与发展［J］.中国行政管理（2）：95-101，121.

何绍辉，2011.贫困、权力与治理［D］.武汉：华中科技大学.

侯冲，2020.四川端出硬核举措筑牢返贫"防线"［N］.四川日报-04
-14（10）.

胡鞍钢，2016.从世界最大贫困人口国到小康社会（1949-2020年）
［C］//清华大学国情研究中心.国情报告第十七卷2014年.清华大学国
情研究中心.

江童，2018.农村空心化背景下广西精准扶贫政策执行的困境及路径
分析［J］.哈尔滨学院学报，39（4）：48-52.

金江峰，2019.产业扶贫何以容易出现"精准偏差"：基于地方政府能
力视角［J］.兰州学刊（2）：181-191.

金太军，等，2005.公共政策执行梗阻与消解［M］.广州：广东人民
出版社.

科宾，施特劳斯，2015.质性研究的基础：形成扎根理论的程序与方
法［M］.3版.朱光明，译.重庆：重庆大学出版社.

李刚，王红蕾，2016.混合方法研究的方法论与实践尝试：共识、争

议与反思 [J]. 华东师范大学学报（教育科学版），34（4）：98-105，121.

李金龙，杨洁，2018. 基层精准扶贫政策执行梗阻的生成机制及其疏解之道 [J]. 学习与实践（6）：65-73.

李金龙，杨洁，2018. 深度贫困地区精准扶贫政策执行的国家治理能力研究 [J]. 天津行政学院学报，20（5）：69-77.

李志刚，2007. 扎根理论方法在科学研究中的运用分析 [J]. 东方论坛（4）：90-94.

林子伦，1997. 台湾气候变迁政策之论述分析 [J]. 公共行政学报（28）：153-175.

刘冬，2019. 质性、量化方法论融合对社会工作的意义 [J]. 哈尔滨工业大学学报（社会科学版），21（4）：72-78.

马克思，恩格斯，2009. 马克思恩格斯文集（5）[M]. 中共中央马克思恩格斯列宁斯大林著作编译局，编译. 北京：人民出版社.

饶墨仕，豪利特，弗里曾，2016. 公共政策过程：制定、实施与管理 [M]. 吴逊，译. 上海：上海人民出版社.

荣敬本，崔之元，等，1998. 从压力型体制向民主合作体制的转变：县乡两级政治体制改革 [M]. 北京：中央编译出版社.

世界银行，1990. 1990年世界发展报告 [M]. 北京：中国财政经济出版社.

舒尔茨，1991. 经济增长与农业 [M]. 北京：北京经济学院出版社.

宋雄伟，2014. 政策执行网络：一种研究政策执行问题的理论探索 [J]. 国家行政学院学报（3）：66-70，122.

孙宗锋，孙悦，2019. 组织分析视角下基层政策执行多重逻辑探析：以精准扶贫中的"表海"现象为例 [J]. 公共管理学报，16（3）：16-26，168-169.

汤敏轩，2010. 转型中国公共政策失灵研究 [M]. 北京：西苑出版社.

唐钧，1998. 中国城市居民贫困线研究 [M]. 上海：上海社会科学院出版社.

唐啸，胡鞍钢，杭承政，2016. 二元激励路径下中国环境政策执行：基于扎根理论的研究发现 [J]. 清华大学学报（哲学社会科学版），31（3）：38-49，191.

涂锋，2009. 从执行研究到治理的发展：方法论视角 [J]. 公共管理学报，6（3）：111-120，128.

王春萍，刘玉蓓，王满仓，2006. 可行能力贫困理论及其衡量方法研究 [J]. 生产力研究（9）：17-19.

王丛虎，李宜馨，2018. 精准扶贫政策执行中组织运行的创新与完善：基于信阳市大别山革命老区的调研 [J]. 河南社会科学，26（7）：75-80.

王璐，高鹏，2010. 扎根理论及其在管理学研究中的应用问题探讨 [J]. 外国经济与管理，32（12）：10-18.

吴开明，2008. 政策执行控制及其形成机理模型 [J]. 求索（8）：66-68，62.

希尔，休普，2011. 执行公共政策：理论与实践中的治理 [M]. 黄健荣，等译. 北京：商务印书馆.

向德平，高飞，2013. 政策执行模式对于扶贫绩效的影响：以1980年代以来中国扶贫模式的变化为例 [J]. 华中师范大学学报（人文社会科学版），52（6）：12-17.

严荣，万懿，2001. 公共政策执行的系统分析 [J]. 理论探讨（4）：86-87.

杨宏山，2014. 政策执行的路径—激励分析框架：以住房保障政策为例 [J]. 政治学研究（1）：78-92.

姚华，2007. 政策执行与权力关系重构：以S市2003年市级居委会直选政策的制订过程为个案 [J]. 社会（6）：127-153，208-209.

袁方，2014. 社会研究方法教程 [M]. 重排本. 北京：北京大学出版社.

张芬芬，卢晖临，2008. 质性资料的分析：方法与实践 [M]. 重庆：重庆大学出版社.

张敬伟，马东俊，2009. 扎根理论研究法与管理学研究 [J]. 现代管理科学（2）：115-117.

章文光，2019. 精准扶贫政策的"外部性"［J］. 人民论坛（15）：44-45.

赵静，2014. 决策删减—执行协商：中国山西煤炭产业政策过程研究［D］. 北京：清华大学.

周志忍，蒋敏娟，2010. 整体政府下的政策协同：理论与发达国家的当代实践［J］. 国家行政学院学报（6）：28-33.

OSBORNE P S，2016. 新公共治理：公共治理理论和实践方面的新观点［M］. 包国宪，等译. 北京：科学出版社.

BARRETT S M，FUDGE C，1981. Reconstruction the field of analysis'，in S. M［M］//BARRETT，FUDGE C. Policy and action：essays on the implementation of public policy. London：Methuen.

BOTHSTEIN B，1998. Just institutions matter：the moral and political logic of the University Welfare State［M］. Cambridge：Cambridge University Press.

FERMAN B，1990. Implementation and the policy process：opening up the black box［M］. New York：Greenwood Press.

FRIEND J K，POWER J M，YEWLETT C J L，1974. Public Planning：The Inter-Corporate Dimension［M］. London：Tavistock Publications.

GLASER B，STRAUSS A，1967. The discovery of grounded theory［M］. Chicago：Aldine.

HARGROVE E C，1975. The Missing link：the study of the implementation of social policy［M］. Washington，DC：Urban Institute.

HECLO H，1978. Issue networks and the executive establishment［C］//IN A KING. The new American political system. Washington：American Enterprise Institute For Public Policy.

HENRY A D，2011. Ideology, power, and the structure of policy networks［J］. Policy studies journal，39（3）：361-383.

HILL M，1972. The Sociology of Public Administration［M］. London：Weidenteld and Nicolson.

HOWLETT M，RAMESH M，1995. Studying public policy：Policy cycles and policy subsystems [M]. Toronto: Oxford University Press..

KATZENSTEIN P J, 1978. Between power and plenty: foreign economic policies of advanced industrial state [M]. Madison: University of Wisconsin Press.

KLIJN E H, KOPPENJAN J F M, 2000. Public management and policy networks: Foundations of a network approach to governance [J]. Public Management, 2 (2): 135-58.

LIPSKY M, 1971. Street-level bureaucracy: dilemmas of the individual in public services [M]. New York: Russell Sage Foundation.

MARSH D, SMITH M, 2000. Understanding policy networks: toward a dialectical approach [J]. Political Studies (48): 10.

MEIER K J, O' TOOLE L J J, 2001. Management strategies and behavior in networks: A model with evidence from U. S. public education [J]. Journal of public administration research and theory, 11 (3): 271-93.

METER S V D, 1975. The policy implementation process [J]. Administration and Society.

O' TOOLE L J J, 2000. Research on policy implementation: Assessment and prospects [J]. Journal of public administration research and theory, 10 (2): 263-88.

OPPENHEIM, 1993. Poverty: the facts [M]. London: Child Poverty Action Group.

PODOLNY J M, PAGE K L, 1998. Network forms of organization [J] . Annual review of sociology (24): 57-76.

PRESSMAN L J, Widavsky B A, 1979. Mplementation [M]. Berkeley: University of California Press.

RHODES R A W, 2006. Policy Network Analysis In M. Morgan [M] // Rein, M, Goodin R E. The Oxford Handbook of Public Policy. New York: Oxford University Press Inc

Smith T B, 1973. The policy implementation process [J]. Policy sciences, 4（2）: 203-205.

TANJA, BORZEL A, 1998. Organizing babylon—on the dif-ferent concept ions of policy networks [J]. Public administration（76）: 265.

VAN METER D, VAN HORN C E, 1975. The policy implementation process: A conceptual framework [J]. Administration and society, 6（4）: 445-88.

WIKIPEDIA, 2019. Postpositivism [EB/OL]. [2019-12-03]. http: // wikipedia. moesalih. com/Postpositivism.